大展好書 好書大展

秘傳占卜系列 4

中國神奇占卜

淺野八郎／著
劉雪卿　／譯

大展出版社有限公司

『秘傳・占卜系列』發行感言

有人說占卜師是人生的領航員。

在人的一生之中，有時再怎麼樣地努力，也有無法隨心所欲的時候，再如何地希望得到幸福，也可能會遭遇意外的不幸。在現代的社會中，占卜之所以如此地吸引人心，受到衆人的關心，原因即在於此。

可能因為遇到一位出乎意料之外的人，而使自己的一生完全改變，可能偶然中得到幸運，也可能遭遇不幸。能夠回答這種想要預知偶然的人之願望的，即是占卜。

不論是東洋或西洋，兩千年來，占卜一直受到衆人的關心。而預知各種運的「術」，也不斷地在研究中。這兒所介紹的各種占卜，是這些「術」中最值得信賴，也是最讓人感到親切的占卜。

如果本系列能夠發揮領航員的作用，而讀者們能將其當成是創造幸福的指南，則是作者最高的喜悅。

淺野八郎

得自天啓的中國占術——前言

在各種占卜以及運勢判斷中，你瞭解多少呢？雖然包括西洋占星術及血型在內有很多的占卜術，但占壓倒性多數的卻是中國占術。

中國占術，尤其是發源於中國古代具有悠久傳統和歷史秘密的占術，更是爲人所重視。古代中華民族定居於黃河流域，於展開古文明的階段就已經發展了占術，在紀元前二千九百年前所出的古籍中，就記載著關於圍繞月球和太陽運轉的星球動態；此外，也由宮廷中的官選天文學家製作出天體圖、太陰曆以及太陽曆等。

藉此，將天體的赤道分爲二十八星宿，星座總數二百八十四個。自古以來，也一直在觀測月蝕的現象；紀元前二千一百年左右就已留下月蝕的記錄，並且在紀元前也已留下了觀測太陽黑子的記錄。

因此，中國占術是以優異天文知識爲基礎而發展出的各種占卜。

尤其，中國在紀元前即有陰陽五行的思想，具有將宇宙以及整個世界以金木水火土和陰陽來加以說明的哲學，這一哲學與占星術連結在一起，就產生了精密的命運判斷術。

本書所介紹的包括「占十二支」、「占十干」、「占星」、「四柱推命」、「占易」、「姓名判斷」、「印相術」等，這些都是集合了先人智慧的優異占卜術。

爲了儘可能讓即使是第一次接觸占術的人也能容易明白，說明方式力求簡潔；不過任何占卜都具有其特性，在閱讀時相信一定可以發現適合自己的占卜方式，這不也是一大樂事嗎？

本書的占卜結果如出現了不良判斷，也無須太過在意，可視爲來自天啓的警示信號，在事先加以防範避免。

此外，如果出現好的判斷，則必須更加努力，才能有更美好的結果，希望本書能成爲你光明未來的指南。

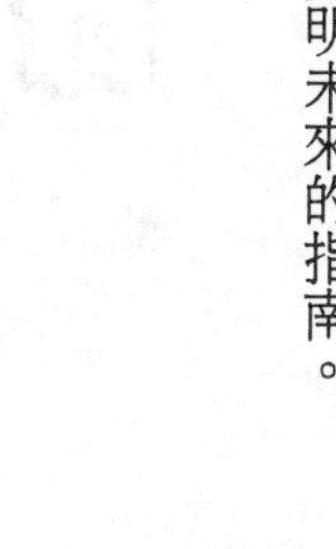

目錄

第一章　占九星

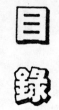

第二章　占十二支

第三章　占易

目 錄

第四章 四柱推命術

第五章　占十干

第六章　姓名判斷

第七章　印相術

占九星

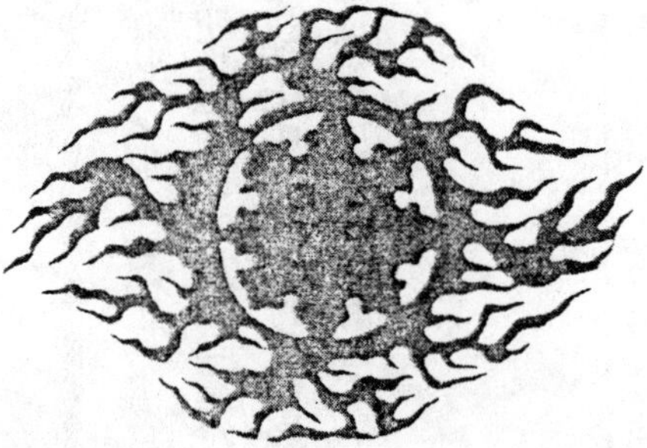

九星掌管你的命運

第1章

九星掌管你的命運——占九星

占九星是誕生於古代中國。在數千年悠久歷史當中加上各種檢討融合而成。

占九星就是藉著九星來占卜，與所謂占星術的「星星」是沒有關係的。從「一」到「九」為止的數字中，找出符合的出生年數，再加上中國的五行而發展出這種占九星的方法，也可以說是一種將人類或自然的規律以九年為循環來加以考量的占卜，九星的名稱依序如下：

一白水星　二黑土星　三碧木星
四綠木星　五黃土星　六白金星
七赤金星　八白土星　九紫火星

這九星對一切都會造成影響，而影響的根源便來自我們的人生，不論是戀愛、婚姻或工作等人生大事，都藉著九星的力量，而微妙的發生不同的改變。

這個「九星」要藉著一定的法則，對照著九星盤，來占卜運勢的強弱或方位的吉凶。

占九星在中國和日本都相當的普及，發展成爲方位學而受人歡迎。

打開日本西元一九九一年的日曆一看，可以發現八角型表中塡入「九星」，中央有「九紫火星」這就是說，西元一九九一年爲「九紫火星」的星年；這個九星表中有九星排列，排列方式每一年都會有所移動，表面上看這個移動似乎不太規則，但實際上卻遵循著一定的原理法則；基礎是以「五黃土星」爲主，做基本排列，這個排列不管是由橫、縱或任何位置來看，數字加起來都會成爲「15」的方陣。

由此可知，這個排列就好像具有魔力的方陣一樣，就算每一年來到中央位置的星不同，但是移動順序爲「五」，也就是說「五黃土星」爲強力星，這種想法的產生就是來自方陣的影響。再看一下西元一九九一年的九星盤，這盤上爲「南」，下爲「北」，在這一年中的不同，再比照自己的星，就可了解何處是好方位，何處是不好的方位。

此外，這樣的方位是這一年「五黃土星」所在的方位，稱爲「五黃殺」，這方位在這一年對任何人都是不吉的方位；而與五黃正相反的方位（西元一九九一年爲四綠）則稱爲「暗劍殺」，意思是在黑暗中，有人拿著劍飛撲過來，表示會有意料之外的凶運的方位，所以西

•1991年方位表

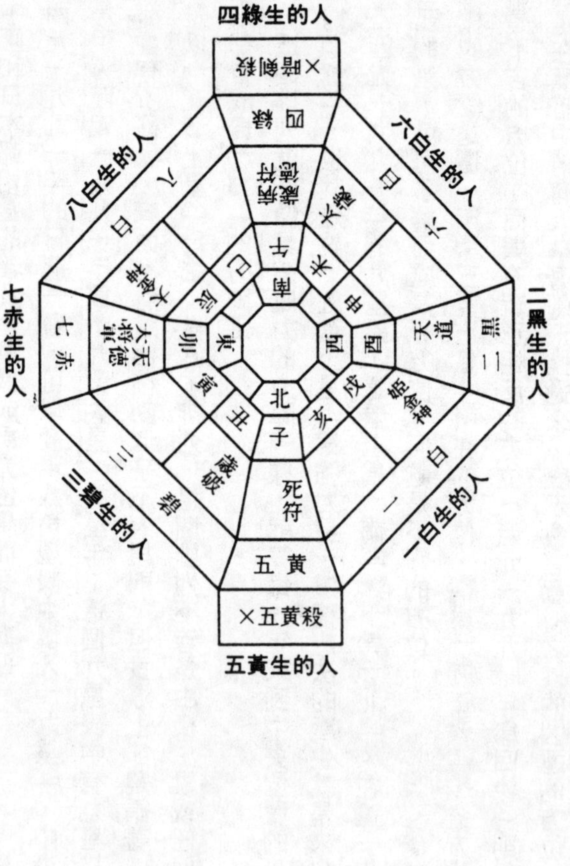
四綠生的人
×暗劍殺
四綠
歲刑
德符
六白生的人
六白
太歲
午
未
南
申
二黑生的人
二黑
天道
酉
西
戌
歲德
金神
一白生的人
一白
亥
北
子
死符
五黃
×五黃殺
五黃生的人
三碧生的人
三碧
歲破
丑
寅
卯
東
七赤生的人
七赤
天道
大將軍
天德
辰
巳
大將軍
八白生的人
八白

元一九九一年在南、北各自有「暗劍殺」和「五黃殺」。

此外，自己的星所配置的方位爲「本命殺」，其相反的方位則爲「的殺」，也是凶方；就是說「九星」不僅能占卜運勢的強弱，也能占卜方位的吉凶，是一種特殊的占法。

請翻閱日曆，確認一下，對自己而言，哪一個方位爲吉凶，此外，每一年日曆的吉凶如何；在此將九星原本具有的意義以及與一生運勢的關聯，爲各位介紹一下。

九星正如其具有不同的名稱一樣，其性格也是不同的，所以各自有不同的特殊力量和缺點。在此分析各星力量的強弱和才能等，就是九星術。

現在，判斷一下你的根源星是哪一個。

首先看次頁的九星速見表，調查自己出生年的九星。

假設你是西元一九六三年生，而這一年的九星是「一白水星」；此外，如果你是西元一九六六年出生，則爲「七赤金星」，利用速見表即可調查你的星。

不過，必須注意的是占九星包括古代中國歷史和傳統在內，因此，一年是從立春這天開始，結束於立春的前一天，所以如果是出生於西元一九六三年一月的人，則必須視同出生於一九六二年。新的立春日每一年都不同，所以要注意九星速見表的立春日來調查你的九星。

●九星速見表

生年	九星	立春	生年	九星	立春	生年	九星	立春
西元1970年	三碧木星	2月4日	西元1948年	七赤金星	2月5日	西元1926年	二黑土星	2月4日
71年	二黑土星	2月4日	49年	六白金星	2月5日	27年	一白水星	2月5日
72年	一白水星	2月5日	50年	五黃土星	2月4日	28年	九紫火星	2月5日
73年	九紫火星	2月4日	51年	四綠木星	2月5日	29年	八白土星	2月4日
74年	八白土星	2月4日	52年	三碧木星	2月5日	30年	七赤金星	2月4日
75年	七赤金星	2月4日	53年	二黑土星	2月4日	31年	六白金星	2月5日
76年	六白金星	2月5日	54年	一白水星	2月4日	32年	五黃土星	2月5日
77年	五黃土星	2月4日	55年	九紫火星	2月4日	33年	四綠木星	2月4日
78年	四綠木星	2月4日	56年	八白土星	2月5日	34年	三碧木星	2月4日
79年	三碧木星	2月4日	57年	七赤金星	2月4日	35年	二黑土星	2月5日
80年	二黑土星	2月5日	58年	六白金星	2月4日	36年	一白水星	2月5日
81年	一白水星	2月4日	59年	五黃土星	2月4日	37年	九紫火星	2月4日
82年	九紫火星	2月4日	60年	四綠木星	2月5日	38年	八白土星	2月4日
83年	八白土星	2月4日	61年	三碧木星	2月4日	39年	七赤金星	2月5日
84年	七赤金星	2月5日	62年	二黑土星	2月4日	40年	六白金星	2月5日
85年	六白金星	2月4日	63年	一白水星	2月4日	41年	五黃土星	2月4日
86年	五黃土星	2月4日	64年	九紫火星	2月5日	42年	四綠木星	2月4日
87年	四綠木星	2月4日	65年	八白土星	2月4日	43年	三碧木星	2月5日
88年	三碧木星	2月4日	66年	七赤金星	2月4日	44年	二黑土星	2月5日
89年	二黑土星	2月5日	67年	六白金星	2月4日	45年	一白水星	2月4日
90年	一白水星	2月4日	68年	五黃土星	2月5日	46年	九紫火星	2月4日
91年	九紫火星	2月4日	69年	四綠木星	2月4日	47年	八白土星	2月5日

一白水星者的人生——關鍵的掌握在於年輕時的生活方式

表現流水的就是一白水星，具有不會固定於一個場所的性質，不斷的流轉，也擁有會遇到各種困難的命運，但是一滴雨水最後仍會隨波逐流到達海中，所以年輕時所嚐的辛苦，從中年到晚年時就會得到報償。

這段道路非常險峻，處於比他人而言，在年輕時就必須自立的狀況，甚至可能自己獨自到海外旅遊。另外，在精神上、肉體上也會煩惱，如果能夠戰勝這些考驗，就能成爲在任何社會都能適應的人類；因此，在遇到困難的二十幾歲到三十幾歲時，可以把它當成是打好人生基礎的時刻，這樣就能掌握中年以後的幸運。

性格上擁有爽朗與陰暗兩種極端的表現，分爲富於社交性、不在乎辛苦，不斷前進的一型，或者是縮在自己殼中的一型，而後者傾向會使你朝著不良的方向發展，可能沈溺於酒色財氣，過著不穩定的一生。

這個星的女性纖細，具有女性柔美的一面，看在男性眼中，會有「不忍放任不管」的反應，是屬於楚楚動人型，因此，經常會和身邊的男性談戀愛；但是必須注意容易受人擺弄的這一點，如果不能把持自己的話，就無法得到穩定的幸福，原本就具有家庭的性格，藉著培養出忍耐以及接受辛苦的人性，結婚後就能夠建立幸福的家庭。

在工作方面，年輕時經常會受人壓迫，在人際關係方面也得不到他人的了解，經常因爲工作不適合而轉職，但是任何事情只要切實的累積經驗，到了中年期以後，不只是自己的工作，也能成爲寬宏大量的人，而得到他人的尊敬，在公司中，具有極高的地位，而且能夠展現凌駕於工作上的活躍度；不過，在二十幾歲若不能累積自己的經驗，就無法獲得成功，或是經常轉換工作，也可能一直被壓在下面無法翻身。

一般而言，從中年到晚年運勢會上昇、穩定。

年輕時在驚濤駭浪中度過的人，到中年以後能夠發揮穩定的實力，就好像從山上流下來的水，最後還是能夠與其他的流水會合，形成大河一樣。

但是，另外一方面也可能水會蒸發掉，沒有辦法到達海中，可能持續過著不平靜的一生；此外，又好像水沉入河底似的，一直處在黑暗的境地，無法浮上來。

因此，年輕時代的生活方式還是掌握一生命運的關鍵，如果是屬於一白的情形，必須不斷的努力，才能擁有幸運。

（適合職業）　文學關係事業、大衆傳播關係事業、服務業、法律司法關係事業。

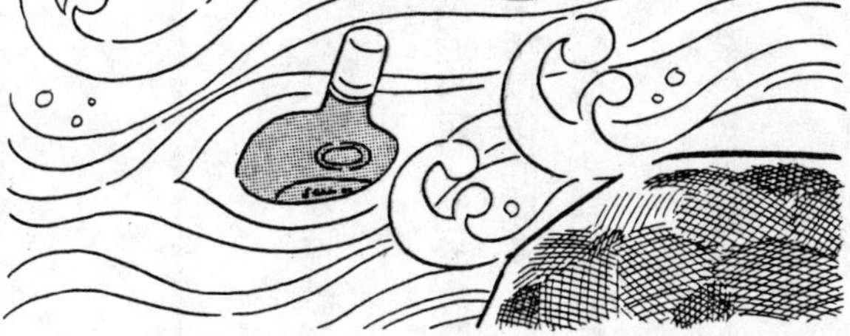

二黑土星者的人生──年輕時的機會無法開花結果

二黑意味著大地，置身在草木、動物、建築物一切的陰暗之力，此外，又好像生命終歸會回歸塵土似的，暗示母性的存在。

既然是不動的大地，因此，這個星的人總是展現慢慢呑呑的行動，反過來說，過於急躁行動，反倒不好，年輕時，對於賦予自已的義務一一達成，就能夠擁有中年以後的開運。

此外，由於具有母性的性格，因此，與其成爲中心點而活動，不如追隨他人，站在輔佐的立場，才能發揮力量，藉著這種確實經驗的累積，就能建立鞏固的基礎。

中年以後，機會會三度來訪，四十幾歲、五十幾歲、六十幾歲時，只要能夠抓住機會，就能擁有幸福的晚年。

性格較穩重，屬於和任何人都能相處良好的類型，不是豪華氣派，而是老實、誠實，得到周圍他人的信賴；不過也有優柔寡斷的一面，如果過度的話，反而會被認爲是不值得信賴的人。此外，也有封閉自我的一面，如果對於與生俱來的才能或儲存的力量，過於吝惜，不願意拿出來的話，將會成爲怠惰性格的人。

女性原本就是屬於母性本能較強的一型，會溫柔的守候著男性，如果結婚的話，是典型的賢妻良母；但是內向性格若太強時，有可能會使良緣的機會逃脫，有時還是需要自信。

在工作方面，雖然表現得並不顯眼，但是會得到「什麼事情只要讓他做就能夠安心」的評價，在工作上，能夠穩重踏實的去做，就能得到上司的信賴。

有的人在年輕時可得到很大的機會，但這並不是很好的現象，應該要好好的整頓大地，再播種插秧，期待豐盛的收穫；遺憾的是，年輕時的機會恐怕很難加以活用。

超過四十歲以後，以往堅實的工作態度，會得到好的評價，大多能夠坐上重要的位置而發揮穩定的實力。

這個二黑的開運重點在於如何使大地肥沃，年輕時就算牢騷滿腹，也要將之視爲將來施肥的步驟，任何事情都要保持積極的態度，這點非常重要。中年以後是否會有大的機會到來，就看以前鍛鍊的方法而定了。

從中年到晚年，如果不能壓抑怠惰之心或倔強的一面，過於優柔寡斷而無法做出決斷的話，好不容易到來的幸運，可能就會逃之夭夭。爲了不讓自己在晚年受苦，必須要多加努力。

（適合職業）建築、不動產關係事業、農業、生化關係事業、第二代經營者。

三碧木星者的人生——才能很早就能開花結果

三碧表示雷。雷在九星中指的是春天，也就是說，像春天般青年期的活力比任何星都強的，就是三碧。這個星的人，運勢就好像春天的各種現象一樣，在活潑的青年期，能夠活躍而儘早獲得成功。

年輕時，如果具有如雷般的熱情，就可擁有成功的希望，不過，很多雷卻只聞聲一響而不見蹤影，因此，光是嘴巴說說欠缺行動力的人，也會使幸運逃脫。

這個星是初年運，也就是說，在較早的時候，能夠以自己的年輕或熱情發揮自己的才能，就能得到許多人的認同，甚至在二十幾歲，就能在公司建立名聲的人也不少。

但是，就算年輕時無法獲得成功，如果能夠在這個時期好好紮穩根基，在四十歲時，也能具有屹立不搖的地位，過著豐富安定的生活。

這個星的性格是明朗活潑，隨時都可成為中心般的活躍，是屬於顯眼型。但是，稍微自信過盛，欠缺與周圍人的協調性；雖然年長者喜歡這種活力的表現，但是，同年齡的人都會認為是「只有自己愛表現」，也許會引起他人的反感。

此外，具有不喜歡接受他人命令的傾向，獨立精神旺盛，因此，雖然有很多人包圍，但是人際關係卻是屬於好惡偏激型。

女性大多是從外觀上難以想像具有強力意志者，非常熱情，與生俱來具有吸引他人的力量，也可以算是不好惹的一型，而實際上，就算遇到麻煩結果，也能夠順利發展的情形並不少；結婚以後，工作和家庭都能兼顧，能夠照顧好家庭，在公司中，也能成為相當活躍有能力的人，年輕時如果比別人更為努力，一定會得到報償；但是自己的意志如果只是任性而為，也可能會使得家庭和工作無法兼顧，這點必須要注意。

工作上非常熱心，能夠出人頭地，而因為得到重要的地位，會變得更加活躍，唯一值得擔心的，就是年輕時熱情的表現欠缺細密度，如果年輕時做什麼事情都冒冒失失的，到了中年以後無法儲備實力，周圍的人也不會跟隨你。在青年期不能光是考慮到要前進，也必須努力持續累積力量才行。

這個星帶有初年運，因此，青年期會拼命的突飛猛進，藉著好好的努力及學習能儘早得到較高的地位，以後的人生就能擁有豐富的果實，享受穩定生活之樂。

（適合職業）電視廣告關係事業、電視演員、歌手、音樂關係事業、技術關係事業、主持人、保險推銷員。

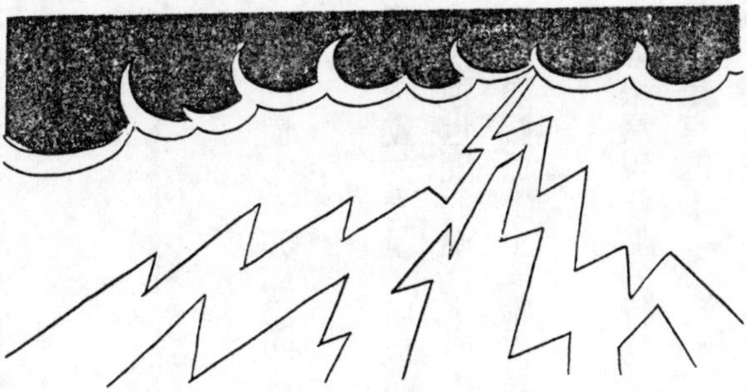

四綠木星者的人生——以自然體生存的幸運星

四綠指的是成長的樹木或是已經砍代製成木材的樹木、已經完成的樹木；亦即是四綠在年輕時富社交性，懂得交際，交際範圍廣闊，從青年期起就有好運。

此外，這個星也意味著風。因此，兼具在何時何地都能自由自在流動的力量，所以四綠可以說是「放鬆力量，以自然體的方式生存」的星，也就是說不會拂逆世間的潮流，能夠保持和平，與生俱來和任何人都能好好相處，能夠照顧他人，而且在人際關係上也能夠賣弄一些小技巧，在二十幾歲時就能得到衆人的認同。

但是，仍然有的人會朝著與自然體生存方向相反的一方前進，如果展現任性的行動，不符合情勢的發展，任何事情都沒辦法長時間持續下去，這樣的例子也是有的。

因此，如果能夠發展與生俱來的良好氣質，以青年期的幸運爲基礎，在中年和晚年時運勢會不斷上昇，保證能夠得到穩定的一生。

性格上富於溫柔、柔軟性，非常懂得照顧他人，同時也會注意到周圍衆人的想法，因此，不管在什麼地方都是値得信賴的存在；雖然不是豪華氣派的一型，但是性格良好，能夠吸引衆多人，爲這個星的特徵。

但是，如果「風」具有的不良面過強時，會變得彆扭任性，表現出完全相反的傾向，而且略微欠缺執著心，做任何事情都會半途而廢。

女性大多是屬於非常可愛且受人疼愛的一型，具有家庭性，受人喜愛的性質會有許多男性追求妳，但是婚姻生活並不會非常的順利，以四綠的男性而言，這也是經常會發生的現象。柔軟的態度可能會造成不良的影響，這一點必須牢記在心。

在工作上，原本商業感覺非常的優秀，若是得到周圍人士的信賴，年輕時候成功的人也很多；而從中年到晚年的評價更好，尤其是在名聲方面，在較年輕的時候，就已能獲得極大的名聲。

這個星的開運重點就是——必須要重視人際關係的信賴，即使能夠儘早獲得名聲，也是由於卓越人際關係的支撐，因此，得到名聲以後，自然就能夠擁有財力和權力。

雖然是以自然體的方式生存，但是，如果無法控制任性或優柔寡斷的性格，恐怕一生都無法換得幸運。

（適合職業）飛行員、觀光關係事業、空中小姐、業務代表、營業員、各種推銷員。

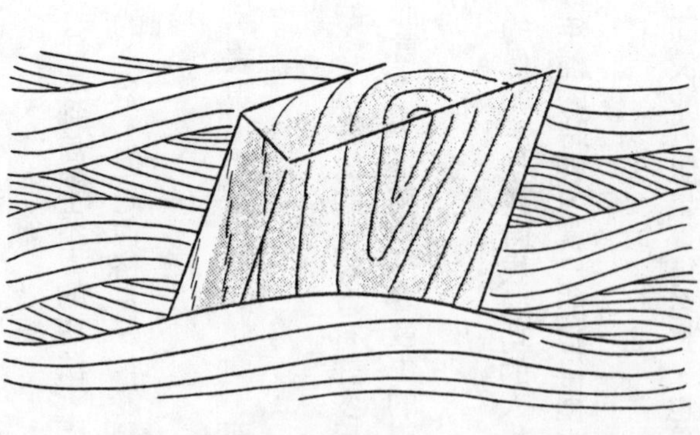

五黃土星者的人生——擁有合併善惡力量者

當九星出現在這個方位時，掌管其他八星的中宮（中心）就是五黃，力量非常的大，在九星中是出類拔萃的。

此外，五黃和二黑、八白同樣具有土的性質，而在這些星中，由於位置是在中心，所以影響力非常的強。而善惡的表現也是屬於兩種極端；例如，有的人的運勢是「從總統到市井小民，從閃亮的明星到平凡的主婦」，具有這種變化劇烈的運勢；總之，不管善也好，惡也好，五黃不論在任何一種情況下都是屬於中心的人物，這一點是不會改變的。由於具有成為中心的手腕，就算朝不良的方向前進，也會成為「惡花」。

此外，因為是屬於土星，所以這個星的特徵是具備土所擁有的粘力，不管是否沉落到任何谷底，仍然隱含著自己能夠往上爬的力量。

但是，這種粘力的強硬度朝不良的方面發展時，極端的話，有可能看起來像是怪異的人，也就是這個人的運會不斷改變。

在性格上，表面上看起來溫和，但內心裡卻燃燒著火焰，大多是屬於不服輸的一型人；但相反的，也有的人非常的神經質，有溫柔的表現，當對方提出要求時，也具有不容易加以拒絕的有如首領般的素質。

女性具有如寡婦運般的強烈性格，大多是能夠控制男性的一型，因此，就算年紀並不比丈夫大，也可能被視爲是有如姐姐的妻子一樣照顧丈夫的家庭；但是，太注重自我的緣故，是屬於利益起伏較爲劇烈的五星，所以經常會重複結婚或離婚的事件。

工作上具有極強的粘性，只要方向沒有錯誤的話，通常都可成爲此道的好手，但是，如果任性的壓迫他人或表現出性格上較纖細的一面，有可能會被稱爲「大姐頭」的存在。

土中一片黑暗、視野不明，所以不能夠莽撞的往前衝，應該要避免獨斷，冷靜的判斷周遭的狀況，只要能夠好好的掌握時代的潮流或者傾聽他人的意見，就能獲得成功，不要太壓抑自我，才是走向幸福人生的秘訣。

而且要篤實的一步一步往前進，原本就具有極強烈的運勢，只要能夠好好的朝前進，中年以後就能擁有美好的人生。

土的性質本來就是屬於運勢較爲悠閒的類型，是屬於大器晚成型。

不過，如最初所叙述的，由於運勢非常強，因此，是否能夠掌握運勢的力量，對於一個人的人生而言，會造成很大的差距；總之，壓迫他人或伸展自我的傾向都很強，所以會過著波濤萬丈的一生。

（適合職業）　組織的領導者、經營者、工商企業主管、法律家、檢察官、外交官、政治家。

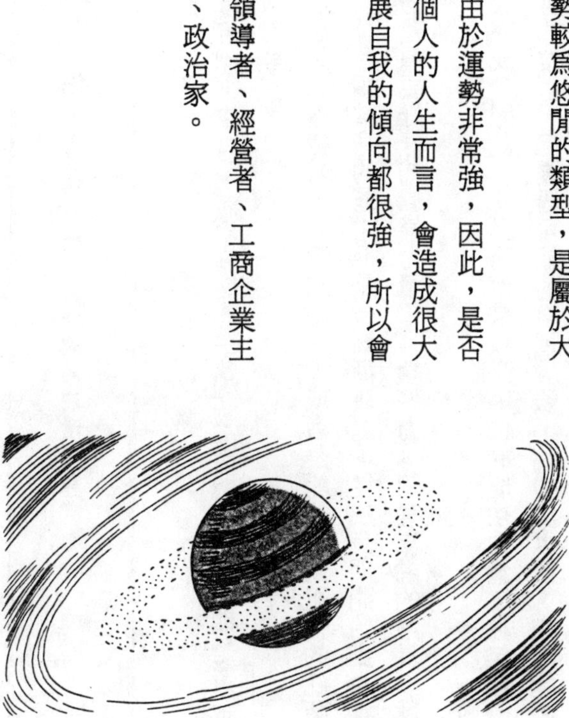

六白金星者的人生——成熟以後開始活躍的浪漫主義者

以一年而言，六白指的是十月、十一月，而相當於秋天的收穫期，這個時期是黃金時期，從成熟以後就能夠發揮本領的星。

出生於這個星的人，大多是在父母運勢最旺的時候出生，或者是能夠得到祖先的庇蔭，因此，剛出生的幼少年期，可以說有相當好的運；但是會漸漸衰退，從成長期開始到中年爲止，辛苦較多，會遍嚐辛酸，但是只要好好的儲備力量，持續努力，隨著年齡的增長，就會有好運的到來。

此外，六白也意味著尊貴與完成，因此，會具有帶來較高地位的成功力量，在年輕時，因時機尚未成熟，無法坐到頂尖的位置，但要儘可能的累積經驗，到中年以後，如果能夠擁有想要達成的人生目標，就能夠發揮實力。

在性格上，非常的高貴，大多數是具有極高理想的浪漫主義者，因此，也不斷的磨練自己，想要吸收新事物的知識慾非常旺盛，而且是屬於頭腦聰明的一型；但相反的，由於理想主義而造成過於驕傲，經常會被誤解爲是自大者，由於一直認爲自己最好的，所以對於遵從他人的意見，會產生抵抗感，也有不少的人會不願聽命於他人；但是，對於異性或年紀較小者會異常的寬容，是體貼溫柔的人。

女性非常的驕傲且頑強，即使年輕時並非如此，但從中年到晚年開始，隨著年齡的增長，力量也會增強；討厭別人認爲自己是個八面玲瓏的人，因此，對男性也是屬於態度較爲嚴肅的女性，可是對自己抱著好感的男性則會表現出女性柔美的一面，不過，原本就具有較男性化的性格，而如果對方也較爲倔強的話，就很難相處了。

如果能夠擁有了解六白的任性卻能在旁好好守護妳的對象，是最理想的。結婚以後，能夠繼續工作的，以六白型爲多。

在工作方面，只要計劃能夠著實的進展，實力能夠得到認同，就能得到很大的成果。不要忽略對周圍衆人的顧慮，對部下也能夠充分了解的話，能夠得到來自上司前輩的支持，就能夠成爲中心人物，非常的活躍。

不過，收穫期的六白在性格上喜歡藏起自己的才能或財產，可是，這些隱藏的才能不將之發揮而任其腐爛的話，人生也只能一直維持在花苞的狀態，無法開花結果就結束了；一定要好好表現出自我，但別讓對方摘取你的嫩芽，必須要加以控制。

年輕時，在待人接物上必須要培養柔軟性，以和爲貴，才是運勢伸展的關鍵。

（適合職業）　教師、翻譯、醫生、宗教關係事業、貿易商、公司職員。

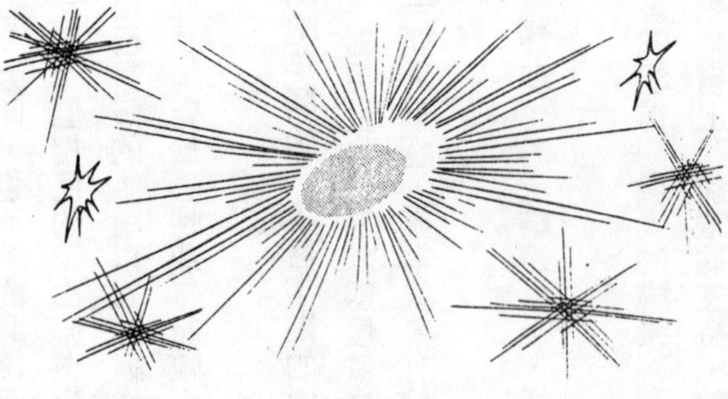

七赤金星者的人生——波濤萬丈的戀愛好手

同樣是金星，六白金是較重的粗鋼，但七赤金卻是精緻的金屬，也就是說，具有不斷的被磨練、洗練的資質，但是，在此之前，卻需要花費極大的工程，這也是事實。

年輕時會過著波濤萬丈的辛苦生活，但這是磨練的時期，渡過這段辛苦人生到中年以後，應能夠擁有穩定的生活。

這個星運氣的特徵，以廣泛的意義來說，是在生活上會受到異性非常大的影響，有很多人很早熟，而且與異性的戀愛不絕。即使到中年以後的穩定期，也非常得人緣，在金錢方面，得到來自異性的恩惠的情形也很多。

性格上爽朗、享受，不論是戀愛、金錢、飲食、談話各方面，都能夠顯示出不同的樂趣；可是有時會作較爲苛刻的批評，使他人的心情受損，但因本人表現得並非是惡意中傷的態度，所以周圍人也不會感覺到他的惡意。富於社交性，只要有他在場，氣氛就會開朗起來。

在金錢上非常吝嗇，但情緒的波動也很劇烈，所以有時會不斷的浪費金錢。即使是女性，也是戀愛好手，不會只和一個對象交往，而且，大多不會陷入戀愛之後就考慮婚姻問題，如果不能擁有篤實的生活態度，結婚以後也無法求得穩定的生活。

在公司方面，如果能夠改正自己經常犯的錯誤或是喜歡發牢騷的缺點，中年以後就能獲得成功，經常有人說「年輕時的辛苦能夠得到報償」，就這個星的人必須要記住的話，在發揮實力以前，不要因爲其他人的批評，而在公司裡點滴自我評價，同時必須要努力的與他人友善的交往。

有人說「七赤男性不能長久待在家中」，長大成人以後，不能和父母長年居住在一起，意味著一定要離開父母的身邊，否則的話，不經過辛苦的磨練無法成長，在精神上和經濟上都必須要自立，才能長大成人；年輕時經常與周圍衆人發生衝突而受人誤解，但不要迴避問題，要一一加以克服，中年以後生活才能穩定，才能邁向成功。

也就是說，必須注意散漫的生活態度，好好的與人交往，保證能夠得到豐富的晚年生活。

這個星的特徵原本金錢運極強，因此，經常都會有人在金錢面伸出援手，可是，年輕時過於任性的生活，中年以後可能周圍的人對你根本就不屑一顧，在金錢上也會感覺到困擾，也可能會遭遇金錢上的失敗。

〔適合職業〕 食品關係事業、廚師、牙科醫生、服務業、銀行關係事業。

八白土星者的人生—容易遭受誤解的老實人

八白是具有土性質的星。同樣是土星，二黑指的是「大地」，而八白則是「土所堆積的山」。

具有較多變化的一面以及穩定的一面兩種極端的運勢，年輕時，大多會過著富於變化的生活，但由於具有穩定保守的運勢，所以大多是會努力一步一步追求幸福的人，因而中年運比初年運更好。

此外，重視祖先，遵從上位者命令，才能夠得到好運；在做生意方面，通常位於第二代經營者的立場，較能發揮實力，也就是說，對於祖先所賦予的東西，非常的重視；並且在重視傳統之際又能加入新的事物，大大發揮才能。

因而，剛開始時敵人雖然不少，但隨著年齡的增長，能夠得到周圍衆人的認同，中年後定能過穩定的生活。

八白的性格非常頑固，意志及自尊心極強，表面上看似妥協，但是不喜歡坦白訴說自己的眞心，也許會經常令人感覺到「不知道他在想什麼！」但事實上，內心也隱含著溫柔，只是很難表現出來而已。

鬥爭心旺盛，不斷的嚐試冒險，藉著與生俱來的敏銳感覺持續努力，就能發揮才能；但因人而異，有的人也具有強烈的怪異個性，不擅於表達自己，所以很容易遭到初次見面者的誤解。在金錢方面，非常有計劃，因此，被稱爲蓄財星。

女性外表看起來並不是非常豪華氣派，但內心深處卻隱含著強大力量，好惡非常劇烈，如果遇到値得信賴的對象，就能發揮女性眞正的一面。大多是屬於堅實型，結婚以後能夠成爲賢內助，具幫夫運，家庭圓滿。

在工作方面，年輕時會不斷向各種事物挑戰，大多採取獨自行動，反而容易遭人誤解；很多人因爲沒有能夠活用才能的秘密場所，因此，大多無法出人頭地，如此可知在年輕時會幾經迂迴曲折，很難走向順利的人生之路；但中年後終於能夠得到衆人的認同，使以住的辛苦得到代價。

此外，年輕時運勢的起伏，可能會使精神動搖，而又不擅於交際，可能會形成一種傲慢的態度，容易引起紛爭，這點必須注意。

總之，如能遇到認同自己堅實努力的年長者，就是開運的重點。中年運比初年運更好。到了晚年更能發揮力量，所以能夠得到衆人的信賴，享有充實的人生。

（適合職業）公務員、電腦關係事業、警衛、飯店職員。

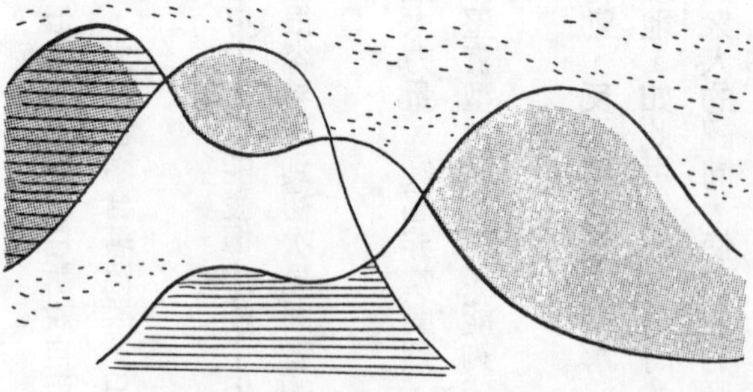

九紫火星者的人生——彆扭的熱情家

九紫爲火星，表現所有的火氣、熱氣，比喻具有如太陽般劇烈命運的人。

太陽的熱始於黎明時分，漸漸的勢力增強，過了正午巔峰時期以後，漸漸夕陽西斜到了黃昏時，揮灑最後的力量，成爲美麗的夕陽，再消失於大地之外，這就是九紫的生活方式。

在人生的中葉立於頂點，而由於其後的努力，到了晚年就能擁有美麗的結果；但太陽是很彆扭的傢伙，有時看他好像熱情照大地，可是剎時又隱藏在雲間，不是隨時隨地都能看到美麗的夕陽。這個星的變化運極強，所以就算年輕時獲得成功，可能中年以後運勢會衰退。

九紫不論男女大多是美貌者，活潑、頭腦聰明且具有巧妙的會話術，因此，在社交場所非常顯眼，受人注目！擅於交際，在文學、藝術及美術方面都具有才能，感受性雖強，但熱情善變爲其缺點。性情非常急躁、倔強而多變，欠缺對周圍衆人的體貼。

異性運非常早熟，感情豐富，能夠展開華麗的交往。

以花來比喩，九紫女性就好像深紅的薔薇一般，美麗、熱情與許多男性談戀愛，獨佔慾、忌妒心比他人更強。不過，一直沉迷於熱戀中，戀情無法長久持續，大多是無法走向婚姻之路的戀愛，總之，具有遍歷男性第一名資質的，就是九紫星。

在工作方面，原本就是具有力量的星，因此，只要努力，一定會有發揮自己實力的時期出現。又因是富於變化的星，有的人很早就得到他人的認同，但日後卻無法發展下去，而有的人到中年以後才開花結果，然後擁有穩定的晚年生活；如果能夠學會這個星缺乏的忍耐及協調性，就能成爲不論上司或部下都會尊重的人物。

另外，若能活用自己於這一方面的才能，也能在藝術上有所發展。九紫一生由於其性格的關係是起伏多變的，就算能夠好好的隨波逐流，也不能夠掉以輕心。有的人雖然會表現出豪華顯眼的一面，可是卻無法發揮眞正的實力，爲了避免他人討厭或是誤解，一定要努力建立溫和穩定的人際關係，藉著對他人體貼，才能擁有幸運，也就是說要不斷的充實自我，才能像夏日的太陽一樣，閃耀著光輝，擁有明亮的人生；雖然注重氣派，自己是富有元氣及魅力的一型，但不能擁有太強的自我主張，要注重與周圍衆人的協調性，這樣就不要緊了。

（適合職業） 程式設計師、證券分析師、諮詢顧問、婦產科醫生。

占十二支

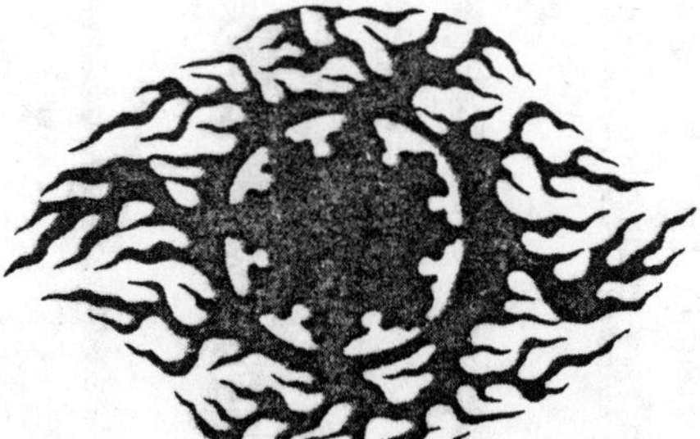

干支所表示的陰陽力量

第2章

干支所表示的陰陽力量——占十二支

提到十二支，很多人都會想到賀年卡或是過年的印象，而事實上，藉著出生年的干支，也能占卜你的人生。

那麼，到底什麼是十二支呢？十二支的起源非常的古老，發祥地在古代中國所確立的「易學」這個學問，談到「易學」，也許會給人難懂的印象，簡單的說，「易學」就是表現訴說宇宙與人類的關係或自然界法則的哲學。

這個「易學」具有陰陽的思想，要理爲自然界（宇宙）是由陰與陽兩種力量所成立的，這兩種力量雖然對立，但是卻互相支撐的關係；十二支即是基於陰陽的思想所組成的。

以陰、陽來表現十二支的話，則子、寅、辰、午、申、戌爲陽（正面的力量），而相反的丑、卯、巳、未、酉、亥爲陰（負面的力量）；由此可知，十二支是意味著表示力量狀態的文字，也就是說了解十二支所具有的力量，就是占十二支。談到十二支，很多人都會將子、丑、寅、卯、辰、巳、午、未、申、酉、戌、亥以鼠、牛、虎、兔、龍、蛇、馬、羊、猴、雞、狗、豬等十二生肖來加以比喻，事實上這個順序是表示「植物從發芽到枯死爲止」的姿態。

所以原本十二支與動物完全無關，將十二支與動物聯結在一起，是在古代中國所發生的事情，當時爲了解時刻與陰曆，十二支是不可或缺的，但十二支文字難懂，一般人很難了解，因此，將動物安插在十二支中較容易了解，又有人有以下的說法——十二支具有這樣的意義：

子表現「孳」字，是指「生」或「茂」的意思，陽氣始動萬物迎向發芽的時期。

丑以「紐」來表示，指生長的芽被繩子綁住，就沒有辦法順利生長的狀態。

寅是從「螾」字演變而來的，指植物生長茁壯。

卯與「冒」相通，好像冒險一樣，自己前進開闢人生的道路，意味著開始生長的植物茂盛的意思。

辰相當於「震」這個字，描述一邊搖動一邊活潑生長的姿態。

巳意味著植物生長停滯的意思。

午是「仵」落下的意思，意味著從繁茂的巔峰開始衰退之意。

未是「昧」的意思，意味著暗，指萬物衰退變暗。

申是「伸」的意思，意味著雖然停止生長，已經開始衰退，但還是留有些生命力。

酉同「猶」這個字，是老、縮小的意思。

戌與殺的意思相通，表示滅絕。

亥是「核」的意思，表示種子；但是同時也具有「閡」封閉的意思，可以視爲所有種子封閉、終結的意思。

由此可知，表示植物生芽的十二支，也暗示著人生某個時期的力量重點，藉著十二支可以了解表示這個力量重點的你的出生年，今後會發生什麼大事。

子年出生者的命運

子年是十二支的頭一個，方向在正北方，以一天的時間來計算就是指午夜十二時。以季節而言是十二月，是冬天的開始，一切的活動停止，做好準備過冬等待春天的來臨；所以「子」含有種、實及相連的意思在內。此外，由於「子」相當於動物的鼠，表示非常的敏捷，具有在任何環境都能生存的適應力；而相反的，也好像米老鼠一樣具有可愛的動作，能受人喜愛。古代的人將鼠置於十二支首位的位置，就是因爲對鼠具有敬畏和親愛之念。

子年的人，就具有這種鼠的特徵，目光溫和，給予人溫柔的印象，平和的性格，讓人感覺是非常懂得了解他人的人；但是本質卻完全不同，在穩定當中，具有相當強的勇氣，看似溫柔，事實上卻有頑固的一面，不喜歡一直待在那兒不動，經常會追求新的事物，好奇心比他人更爲旺盛，對流行非常的敏感，最新的服裝會最早穿出來展示，就是子年出生人的特徵。

此外，子年的人富社交性，非常重視和他人的交際，喜歡參加各種社團活動或宴會，即使是從未參加過的團體，也會積極的和衆人打成一片，會主動與他人交談，享受社交生活的

樂趣，廣泛的和人交往，是很顯眼的人，會成爲話題的中心人物，而天生具有爽朗的性格，不容易招致他人的反感，反而會對衆人示好，遇到任何事情都會主動伸出援手，具有這些優點。

子年的人雖然會數落他人，可是自己的事情卻會當成是一種秘密，不願意讓別人見到自己的弱點，因而經常會遭到誤解；此外，對同性非常的嚴格，對異性卻非常的寬大，所以容易招致同性的反感，必須注意。

在戀愛方面，子年出生的人靈感非常的強，因此，經常會有一見鍾情的經驗，但是，過於依賴感覺，不了解對方就交往，可能會成爲日後哭泣的原因，所以重點在於要以冷靜的態度觀察對方；在交往時具有體貼、知心，心思細密，會爲對方竭盡忠誠，但感覺過於敏銳，可能會因自己的推測而產生忌妒之心，會使自己戀愛談得太辛苦。

結婚以後會好好守著家庭，等待丈夫和孩子回來，是非常適合家庭的女性，此外，還會有很多的子嗣，能擁有明朗、祥和的家庭生活。

相合性極家的人，是能夠提攜子年者的辰年、申年的出生人；雖然第一印象不好，但卻讓人感覺具有魅力的丑年的人；或者是具有同樣目標，能夠成爲最適合伴侶的寅年的人，也是很好的對象。

丑年出生者的命運

丑年在十二支中是僅次「子」的第二個干支，季節爲一月，時間是凌晨二時。

「丑」這個字，意味著用細線綁住東西的意思，所以「丑」也有將物組合起來的意思。具有強烈的粘性，能夠緩慢、確實表現自我的動物「牛」與「丑」結合起來，就是「丑年」。

出生於丑年的人，具有強韌的忍耐力，在所給予的範圍內，努力的表現自我，是具有熱心性格的人，維持自我步調前進，不管別人說什麼，會不斷的思索，直到自己能夠了解爲止，在此之前不會展現過於積極的行動，但一旦展開行動之後，就會不眠不休的持續下去；此外，其決定是否客觀、正確並不是問題所在，而主要是在於他認定這是正確的。這是丑年出生者的特徵所在。

給人看起來好像很悠閒的丑年出生的人，有時卻會脾氣暴躁，如牛一般，非常急躁，會表現出令周圍人驚訝的反叛態度，而且，絕不會違背自己的意志，具有頑固性，所以有時沒有辦法與周圍的人平和的交往，這時，應該要利用原有的強力忍耐和粘性，後退一步，但仍要維持自我主張。

具有這種性格的丑年出生者，在各種領域，都能成爲專家，是屬於大器晚成型，年輕時有強力忍耐的性格，雖然辛苦，但以此爲原動力，可使你逐漸擁有名聲，大多能成爲領導者；而相反的，若年輕時獲得功名的話，則會率直的表現出年輕人的憤怒來，如果眞這樣做的話，有可能會遇到大失敗，所以必須充分注意。

在戀愛方面，會著實守著自己的愛，就是這一型的人，非常溫馴，是屬於家庭型的人，對自己的愛人會竭盡忠誠。

丑年出生女性的態度，看在男性眼中，認爲「這是非常適合娶來當太太的女性」，結婚以後，能夠堅實的守著家庭，對將來也能夠展現良好的計劃性，是非常稱職的家庭主婦。在生兒育女方面，也是屬於天才型的人物，不會像教育媽媽一樣對子女的行動嘮叨，只會默默的看著子女成長，是屬於理想的母親，能夠得到丈夫與子女信賴的賢妻良母，大多是屬於丑年出生的女性。

與丑年出生的人具有良好姻緣的是巳年、酉年、子年出生者，這些都是能夠給予自己發揮力量的人，能夠認同丑年出生者的努力，而可擁有好的成果；這當中會熱愛丑年出生，的就是巳年的男性；而對於丑年出生女性的缺點或任性，都會包容的酉出生的男性，也是非常合適的結婚對象。

寅年出生者的命運

十二支的第三個是寅年。原本「寅」這個字，是指牢牢的架起弓箭，定住目標的意思，因此意味著穩定。

季節是二月，時間則是凌晨四點，表示春天將來臨的時期，樹木的新芽正儲備著力量，等待春天來臨時伸展、生長，寅年的人也展現出這種性格。

有句俗語說「虎住在千里之藪」，意思就是說，有才能的人，不可能一直待在狹窄的地方，由這意思衍生出來的意義，就是獨立心旺盛者，展現單獨行動，缺乏同伴意識，就是寅年出生者的特徵。

一般而言，寅年出生的人，大都吹毛求疵、反抗心極強，急躁，隨時都會表現出對權力的反抗傾向，具有話一旦出口，絕不收回的頑固性；任何事情如果不一口氣做完，就會覺得不舒服，具有此直率的性格，即使計劃無法付諸實行，仍會抱著破斧沉舟的想法，鼓舞著新的勇氣，含笑突破難關，雖然周圍的阻礙極多，但只要不喪失自己的信念，最後仍能成爲勝

利者。

好像單獨代表選手似的寅年出生人，過於相信自己的力量，恐怕無法長久持續下去，可能會大起大落！在中途可能會遇到大的阻礙，但如能突破難關的話，就能掌握到眞正的成功；因此，不要魯莽的展現行動，不要焦躁、仔細的考慮，這才是重點所在。此外，如果能坦白接受他人的建議，也能夠獲得偉大的成功。

在人際關係上，由於具有激烈的性格以及大膽的態度，大多能成爲團體的領導者，篤實的態度能成爲衆人的倚賴。

但無視於周圍的意見，表現自我的主張，會使一些謹愼小心行事的朋友漸漸離開你，因此，敵我的界線分明。

唯有能夠巧妙控制寅年出生者性格的朋友，就能夠減少衝突及摩擦。

性格強烈，對戀愛也充滿力量的寅年出生者，對戀愛非常積極，會坦白表達自己的想法，此外，就算戀愛有了結果，可能不與對方商量就自己一人勇往直前，猛衝……，也許對方會認爲「你不是可愛的傢伙」，雖然自立心旺盛是很好的，但有時必須確認兩人的步調來戀愛，這一點不可忘記。

結婚以後，不會乖乖的待在家裡，雖然擁有經濟的餘裕，但是為了發展自己的才能，經常都是夫妻一起工作，而且不會忽略了對家庭的照顧，工作和家事能夠兩利，是屬於優秀的妻子。較好的婚姻對象是感覺較適合的午年、寅年、亥年出生的人；此外能夠溫柔的包容具有力量的你的未年、辰年、戌年出生的人，也是適合的對象。

卯年出生者的命運

「卯」是十二支中的第四個干支，時間是凌晨六點，季節是春天三月，這是萬物生長的時期，嫩芽開始冒出來，卯字和「冒」相通，意味著「物體一分爲二」，也意味著以往藏在陰暗處的事物出現在表面。

這個卯在十二支中相當於兔，兔在十二支中是屬於弱小的動物，感覺好像地平線才探出頭來，如旭日般給人柔順的印象。

卯年出生的人，就具有這種柔順的性格，具有能掌握周圍人心的才能，不會樹敵，能使周圍的人接受自己、認同自己，而且愛乾淨又可愛，能巧妙的與人談話。

卯年出生的人具有柔軟性，看起來溫馴，但事實上卻是行動派者。

對於情報比他人更爲敏感，具有敏銳的感覺以及敏捷的行動力，一旦決定了計劃，會堅持到最後爲止，並且決定要去做時，若不立刻展現行動，就會覺得很不舒服，具有這種性情，平常就是努力者，叫他什麼也不做，一直待在那兒，對他而言是很痛苦的事情；此外，

在衣食住行各種細節上，都具有神經質的一面。

具有出人意料之外的行動力，但不會強烈的堅持自我主張，這是卯年出生者的特徵，也是缺點。受人喜愛及重視，可是，敏捷的行動有時也會被人認爲是草率的行爲，因此，一定要固定在自己的專門範圍，才能成爲專家，藉著充滿自信的發言，也能夠掩飾缺點。

整體而言，是屬於波浪較少，平穩的運勢，過了三十歲以後，對平穩的人生會感到焦躁而想要冒險，這時要好好忍耐，原本就具柔軟性，而又有才幹表現外向，但太過積極的表現，會造成迷惘，可能沒有辦法擁有固定的職業，換種方式來說，對所有的誘惑都難以抵擋，在這樣的時候，最好不要尋求變化，要採取篤實的生活方式較好。

在戀愛方面，注重浪漫的氣氛，像兔子一樣溫柔可愛，因此，大多會受到異性的歡迎；不過，如果錯誤發揮柔軟性的話，恐怕沒有辦法決定固定的對象而變得三心二意，甚至被貼上花花女郎的標示，尤其要注意陷入三角關係的危險戀情，在戀愛上，也要表現淸楚的自我主張，這點非常重要。

結婚後，希望家庭像在郊外建立的白色住宅，庭院中種滿花草，會努力創造一個有氣氛的家庭，也會努力的操作家事，做個稱職的家庭主婦，因爲具才幹，所以大多是家庭和工作能夠兼顧的一型。

卯年出生者適合的婚姻對象是能巧妙領導你的寅年、未年出生的人；或者是能夠互補雙方的缺點，走向成長之路的亥年的人，也很適合。

辰年出生者的命運

十二支第五個「辰」，爲動物的「龍」，是中國寓言產生的動物，龍的背部具有八十一片鱗片，因此，八十一這個數字意味著大希望。

辰以時間而言是上午八時，旭日的光芒正在增加的時刻，象徵生命誕生之前混沌的狀態，季節則是四月。

辰年出生者，具有如龍般的寬宏大量，同時，擁有令人難以掌握的大而化之的性格，是很有計劃的大夢想家，經常追求浪漫及冒險，而又具有冷靜的判斷力，讓人感覺是不會拘泥於小節上，具有高尚風格的人；但是，這種寬宏大量的辰年出生者，卻是懶惰鬼，整天一直看電視，無所事事，可是，他自己並不覺得這麼做有什麼奇怪，而一旦站起身來展現行動時，會以凌駕於他人的熱情和鬥志迎向目標，這個時刻的辰年出生者，充滿著驚人的力量，就好像龍躍升天似的，一旦想要做什麼時，就會勇往直前，發揮驚人的魅力。

如果辰年出生者自己的目的能維持一直線的話還不要緊，可是，一旦遇到阻礙，經常就會爽快的放棄自己的目的，像這種熱血和冷淡的表現相當劇烈，就是辰年出生者的特徵，也可說是他的魅力，而這種搖動的傾向越大，則越能增加辰年的吸引力，也就是說，在一定範圍內的生活，並不適合於辰年出生者。

在能夠發揮個性，自由奔放的世界，對辰年的人而言，才是最適合的環境。

不論男性或女性，對工作都充滿幹勁，尤其是女性，以男性的眼光看來，非常的能幹，在辦公室裡，也會成為活躍的女強人，因此，有時會超過工作範圍，而必須接受責任相當重的工作，甚至因此而失去了結婚的機會。

辰年出生者，具有很強的運勢，年輕時就沐浴在強烈的水銀燈下，過著豪華的人生，但過了三十五歲以後，成長前的危機就會來臨了，以往生活也許很順利，但在這個時刻，必須要花相當大的努力，才能渡過危機，可是，一旦渡過，挾著威力就能獲得成功。

在戀愛上，難以抵擋氣氛，享有豪華的戀情，不過，因為性格太過於男性化，因此，也許異性不把你視為戀愛的對象，此外，不喜歡受束縛，所以會選擇能夠享受自由、奔放戀情的伴侶。

是屬於晚婚型，較不喜歡乖乖待在家庭裡面，而喜歡夫妻一起工作，這麼做也大多能夠獲得成功，適合的婚姻對象是寅年、巳年、亥年出生者，能夠以朋友的感覺，自由的交往。

巳年出生者的命運

十二支的第六個「巳」，相當於動物的蛇，這個「巳」，意味著「起」或「自我奮起」的意思，在十二支中，巳年象徵著火的性格，雖說是火，但並非熊熊燃燒的火焰，而是好像埋藏在火盒中的火一樣，是穩定燃燒的，巳年的火，意味著內側溫暖明亮。

時間是上午十時，季節是新綠閃耀的初夏——五月，也可以說是水田的早苗等待六月插秧發展的時期。

巳年的人可說是獨特的天才，具有強烈的個性，適合於富知性的職業，大多是具有異想天開才能的人，在任何立場上都不會畏縮，但又具有能和周圍的人打成一片的柔軟性，巳年出生者，表面上看起來非常的穩定，初次見面的人很難察覺到他那獨特的氣質，甚至很多人認爲他們冷淡、難以接近，但外表雖冷淡，根本上卻具有穩定的火的性格，因此，也能夠漸漸感覺到他那豐富的感情，對於新加入公司的職員，會出聲招呼、給予溫暖，所以被視爲是體貼的人，受人依賴、欽慕。

具有社交性的的性格，不論是在舞會或其他宴會中，經常都會成為衆人目光集中的焦點，會擁有認識很多人的機會。巳年的人，具有很深的執念、很強烈的上進心，所想要的，即使是和身分不合的東西，也不會放棄追求，直到到手為止，因此，整體的運勢是會緩慢前進，但卻會開運的一型，晚年運充實，中年以後能夠開闢享受自己興趣的第二人生。

巳年的人，不論男性、女性都是容姿端麗，非常的性感；在戀愛上，其美麗與個性，經常會吸引很多的異性，不怕沒有戀愛的對象，對戀愛的把握也非常積極，不放過任何的小機會，會主動和自己喜歡的人接觸。

熱情，對自己喜歡的人在沒有得到以前絕不放棄，具有這種很深的執著，但忌妒心也很強；為了避免因忌妒心作祟，形成大膽的行動而導致失敗，最好要控制自己的情緒。

在婚姻方面，是熱戀結婚型，對婚姻生活的夢想過大，可能會發現夢想和現實之間有一道很深的鴻溝而感到煩惱；夢雖然重要，但必須冷靜的觀察現實，將戀愛的熱情灌注於建立篤實的家庭，這才是最重要的。

適合的婚姻對象是能夠穩定交往的丑年出生者；或者是非常適合豪華的巳年出生者之酉年出生者；抑或是雙方都能互相了解的巳年出生者，也是很好的婚姻對象。

午年出生者的命運

十二支的第七個是午年，就如希臘神話中的太陽神阿波羅和四頭天馬一起遨翔在天空的傳聞一樣，馬是經常伴隨著太陽這種光榮出現的動物。

十二支這個馬，正好符合「午」字，午以季節而言是六月，以時間而言是正午（上午十一時到下午一時），太陽光照射最強烈的時候，因此，午的意義就是「植物孕育在太陽光下不斷生長、旺盛的姿態」。

當然，也包含太陽的明亮在內，午年出生的人，非常具有魅力而又可愛，行動敏捷，最討厭憂鬱，在孩提時代，家中因爲有了他而熱熱鬧鬧，非常的快樂，像個小淑女似的得到大人的關心；成長後，打扮得漂漂亮亮，顯眼醒目，因此，非常在意服裝，爲了購買喜歡的東西，不惜使用金錢。

頭腦敏捷，腦筋動得快，最討厭猶豫不決，再怎麼難以啓齒的事，也會斬釘截鐵的說出，簡單明瞭的敘述心中的想法，這種斷然的態度，看起來非常好，但是有時會說出一些缺

乏體貼的冷淡言語，而招致他人的反感，而且無法守秘密也是缺點。心中所想的任何事都會

說出，說過以後就忘記了，並且在憤怒時會不分先後，甚至做出一些犯上的舉動，如果不小心自己的態度，恐怕會遭人誤解。

在交際方面，懂得與人交往，經常坦白心胸對待他人，因此，朋友很多，交往廣闊；此外，和朋友一起玩的時候，會選擇一些豪華氣派的場所，因而會浪費很多的交際費用。

午年出生的人，具有天生的幸運，一生生活都不辛苦，此外，頭腦聰明，充分具備明辨善惡的力量，即使在升學、就職、婚姻等人生的分歧點上，也能夠以拿手的直覺力而選擇正確的道路，不論什麼事情，都懂得掌握機會，是非常精明的人。

此外，競爭意識也比他人更強，好像賽馬似的，總是要爭奪寶座，但是，也會很快放棄，無法長久持續，所以在工作方面，會給予人一種沒有辦法負責到最後的印象，必須注意。

在戀愛方面，愛情的表現非常的坦率，心情愉快爲其特徵，由於具有豪華的氣質，因此，會成爲男性的憧憬，但由於好惡非常劇烈，有時很難固定下來單獨和某人交往。

結婚以後，由於根性較純情，所以會成爲對丈夫柔順的妻子，可是，忌妒心也很強，絕不允許丈夫在外面風流。適合的結婚對象是能夠開放交往的寅年出生者；或者是懂得控制午年出生者的戌年出生者。

未年出生者的命運

未年是十二支中的第八個干支，十二支以動物的羊來表示「未」。在羅馬，這天最初遇到的動物是羊群，表示擁有愛和幸運，此外，基督將自己比喻爲「好的牧羊人」，因此，羊是象徵柔和及平穩的動物。以季節而言在七月，植物順利生長即將結實纍纍的時期，以時間來看是下午二時左右，也是穩定午後的時期，所以這個「未」字，意味著行動前稍作休息。

羊即使在沒有水、沒有草的荒野，也能夠以無比的忍耐默默的前進，因此，羊年出生的人也具有這種特徵，外表看起來溫柔，但實際上卻是具有令人難以想像的強力忍耐力的人，除了強大的忍耐力以外，氣質非常的嫻靜，外表看起來，像羊一樣的溫柔，大多皮膚白皙，充滿女性的柔美，擁有光澤美麗的肌膚及魅力。

未年出生者，對所有的事情都非常的注意，與周圍的協調性也非常的優秀，因此，很懂得和人交往；但內面的強韌性有時太過於表現出來，容易讓人覺得「是相當頑固的人」，具有樸素的性格，不喜歡奢華的生活，以節儉持家；此外，因爲內向，一旦遇到煩惱時，要下定決心，恐怕要很長的時間，但是，下定決心之後，原本就具有極強的耐力，就更能使他踏

實的努力前進而達成目標。

未年的運勢，可以說就好像爬樓梯似的，能夠一階一階確實的往上爬，要重視自己拿手的領域，努力不懈，這種生活比較適合；並非屬於賣弄才幹渡日的人，因此，不要考慮經常轉換職業，要在同樣的職業上累積經驗、努力，才能開花結果，得到較高的地位；只要努力，一定會有好的結果，不要焦躁，懷著固定的目標前進，才是開運的重點。財運從年輕時開始就能夠得到中等以上的生活。

在戀愛方面，溫和、穩重的未年出生者，能夠安定男性的心，是具有熱情的人，任何人都會對妳有好感；但要當作戀愛的對象，由於接觸的力量過弱，可能別人只會認爲妳是「可愛的女孩！」，不會把妳當成戀愛的對象，所以必須要積極表現自己的優點。

結婚以後，反映出穩重未年出生者的性格，能夠建立一個安詳的家庭，非常的節儉，當然具有很好的經濟觀念，能儲存很多錢，守住家庭的金庫；此外，每天的菜單雖然有變化，卻會強烈表現自己喜好的主張。

適合的對象是能夠發展你優點的寅年出生者；或者是能夠領導消極未年出生者的辰年出生者；或是能以自然的方式和害羞未年出生者交往的酉年出生者，也很適合。

申年出生者的命運

十二支的第九個是「申」，這個字的語源，是用雙手將棒子拉長的象形文字所演變而來的，加上「人」字旁，就成爲「伸」，有伸長的意義；伸也是指才能或個性的成長，此外，也意味著具有柔軟性的想法或行動。

申以季節而言是八月，稻子開花，結實纍纍的秋天就在眼前的時刻，時間是下午四時，十二支以動物的猿猴來代表申，因此，申年出生的人，基本上也具有猿般的特徵。

申年出生者，均有優秀的頭腦和頑強的體力，是愛表現的人，能夠以豪華的服飾或是動作吸引他人的注意，因此，根本是與害羞、內向無緣的人，即使是初次見面，也會毫不顧慮的一再表現自我，所以，或許周圍的人見過一次以後就難以忘懷，留下相當強烈的印象。

但卻也是非常體貼的人，具有寬宏及雅量，很自然的就能夠受人歡迎、得到許多人的信賴，充分具有能夠立刻成爲領導者的素質。

必須注意的是，有些許成功即容易滿足的傾向，因爲自己的才能而變得洋洋得意、過於安心，可能最後只能成爲一個「小有才幹」的人而已，無法成大器，成爲衆望所歸的人，不要因爲小的成功而滿足，要經常把目標擺在前面不斷前進；此外，申年出生的人，一旦感到急躁時，就會表現得焦躁而招致他人的反感，必須注意。

申年出生者的運勢，「申」是相當於秋天開始結實纍纍的時候，因此，是具有活力的運勢，才能豐富，所以年輕時大多在社會上能獲得成功，中年期能鞏固地位，建築財富，過著相當豐富的人生；才能開花的機會很早，因而平常就必須建立基礎，這才是重點所在。

不論在交際或者待人處事方面，都非常懂得技巧，絕對不會看輕他人，因此，人際關係非常順利。

頭腦靈活又懂得說話技巧的申年出生者，很容易就和男性交往，因此，不用擔心沒有男朋友。戀愛感到困擾的是容易厭倦，會經歷好幾次的短暫戀情，能夠令你感受到擁有自己所沒有的魅力的伴侶，才能夠引導出長久持續下去的戀情。

結婚以後，會成爲一家的中心，守護家庭，搖身一變，成爲能夠發揮賢內助功能的妻子，是擁有子嗣之惠的人；不過，如果選擇性格錯誤的對象，有可能會輕易的離婚。

適合的婚姻對象，是能夠滿足好奇心旺盛之申年出生者的辰年或午年出生者；還有能夠自然交往的卯年、戌年出生者，也是很好的組合。

酉年出生者的命運

十二支的第十個「酉」，相當於動物的雞，酉以季節而言是九月，收穫的秋天，時間則是黃昏日落的六時。

雞是世界公認的預言動物，在希臘神話中，雞能夠感受到天地之氣、預知未來；而在日本，則像神社的鳥居所代表的一樣，雞可說是告知神啓示的鳥。

雞的能力直接反映在酉年出生者的身上，具有預知的能力，擁有比他人更進一步的想法，對將來的預測非常的準確，能夠展現有計畫的行動，即使面對出乎意料之外的事態，也能夠儘早做好對策，不會有所遺漏；此外，酉年出生者的特徵是頭腦轉得很快，因此，言語、行動趕不上迅速的思考力，經常都會從容不迫的說出一番大道理來。

酉年出生者的另一個特徵，就是具有優秀的服裝感及色彩感，打扮入時，對流行非常的敏感，能夠迅速掌握最流行的服裝，若無其事的妝扮出最美好的自己；但卻同時也很注重他人的妝扮，如果看到別人打扮得邋遢，就會以焦躁、冷淡的態度對待他人。

酉年出生者工作熱心，非常認眞，懂得與人交往，在各方面都能成爲主要幹部而活躍，是爽快的社交家，如果能夠得到年長者的提攜，展現實力，就能達成希望；但是，內心卻很倔強，有時不會率直的接受他人意見，外表看起來很柔順，但事實上好惡很偏激。有時過於頑固，無視於他人的建議，可能會使機會流失，凡事都必須適可而止。

在運勢方面，一生都會擁有快樂的生活，在物質上不會覺得不自由，在工作上也很幸運，擁有幸福的人生；但由於先見之明太強，有時無法配合他人的步調而演變成自己一意孤行，這點必須要注意。

在戀愛方面，無懈可擊的妝扮、高貴的氣質深深吸引著異性，異性朋友非常的多，戀愛的對象絕對不會缺乏，酉年出生者，高貴的氣質會使周圍的人想要接近，但卻無法掌握戀愛的關鍵，此外，就算戀愛有了結果，也因沒有能敞開心扉而遭戀人的誤解。

酉年出生者的自活能力較差，因此，最好和有經濟力、包容力的伴侶結婚，只要扮演配角的角色，好好守護家庭，就能過著悠閒豐富的生活，結婚以後儘可能避免從事工作。

適合的婚姻對象是懂得保護你的巳年出生者；或是能使你安心敞開心扉的丑年出生者，或是能給你好建議的未年出生者，都是適合的對象。

戌年出生者的命運

「戌」在十二支中是第十一個，是在結束之前的一個位置，以時間而言是在晚上八時左右，季節是十月，即將接近冬天，要開始準備過冬的時期，根據『史記』記載，「萬物盡滅」的時期就是「戌」，意味著原本茂盛生長的草木即將枯萎的意思，「戌」這個字的語言，是在過冬之前要割取木柴，或儲存食料而狩獵的意思，因此，是由「斧」與「戈」所組成的，十二支則是以動物「犬」來戈表「戌」，犬被人類飼養後，被稱爲「人類最好的朋友」，因北，是忠實、能夠了解情愛的動物。

好像反映犬的性格似的，戌年出生的人也會爲了自己的主人或值得尊敬的人犧牲，具有竭盡忠誠之心，一旦是以心相許的人，一生都會與他建立友誼，絕不背叛對方。

此外，也具有活潑的行動力及率直的性格，這是戌年出生者的特徵，就好像犬的嗅覺敏銳般，富有優秀的直覺力等聰明的特質；但有時會使出稍微有勇無謀的舉動，要多加注意。

戌年出生者的運勢，就好像老成的犬一樣，也就是說，正直、堅實，一步一步朝自己的目標前進而不斷努力，才能成功，最討厭錯誤的事情，正義感比他人更強，但有時過於講求原則而不具融通性，爲其缺點，當遭到他人反對時，就會變得非常頑固，所以有時應以較彈

性的想法配合對方。

戌年出生者以保護爲口號，因此，擔任配角比擔任主角更能發揮實力，尤其年輕時，只要遵從年長者，得到認同，就能儘早出人頭地，但過了三十五歲以後會遇到麻煩，所以要擁有誠實的態度，不要讓機會逃脫，冷靜掌握時機，才能度過難關。然後，漸漸就能由配角的地位堂而皇之的登上主角的寶座，掌握社會的成功。

在戀愛方面，能與人親近，態度輕鬆自然，因此，會有很多的男朋友，不喜歡下意識想到戀愛而與對方交往，喜歡抱持著朋友般的感覺輕鬆的交往；此外，對自己身邊的人也會抱持著親切感，因此，可能會從公司的同事或學校的同學中找到自己的戀人。對愛情非常的敏感，表現很率直，所以會早婚，也能爲對方帶來幸福的婚姻。

結婚以後，也不願老老實實的待在家裡，會持續婚前的工作，在外面非常的活躍，原本就具有才幹，卻不善於做家事，爲其缺點。如果結婚以後還想繼續工作，則家事方面就需要丈夫的幫忙了。

適合的婚姻對象是能夠提高戌年出生者魅力的午年和戌年出生者；或是能彌補其缺點的申年出生者，也是適合的對象。

亥年出生者的命運

十二支的最後一個是「亥」，意味著事物的中心，季節爲十一月，霜降、植物枯萎，草木種籽鑽進地中，準備到春天再發芽的狀態。

時間是夜晚的十時左右，十二支是以動物的豬來表示「亥」。

亥年出生者的特徵是意志堅強，爲理論家，自己沒有完全了解之前，絕對不會展現行動，會牢牢抓住自己所擁有的，不會受到他人意見的影響。

此外，對任何事物都能以充滿自信的態度來接觸，所以是屬於指導者型，不管在任何時刻，都不會喪失其領導力，擁有領導能力，意味著對所有的行動都能沉著應付，同時，又能熱情的進行。不過，太過熱心或過於衝動，有時候會引起莽撞的行動或言語，而使周圍的人感到反感，所以絕對不能夠一味的向前猛衝，否則會遭周圍的人捨棄，因此，即使有領導能力，也不能光靠自己的意志前進。

由此可見，意志堅強，會以自己猛烈的力量朝目標前進的亥年出生者，一旦遇到阻礙時，原本充滿自信的態度，就會被擊得粉碎；尤其在工作上遇到阻礙就會喪失自信的亥年出

生者，會突然開始在意周圍人的眼光，對於周圍人的言語行動會非常的敏感，害怕自己被視爲是怪異者，這時，亥年出生者不要勉強表現自我，應恢復冷靜，分清楚他人是他人，自己是自己，等待下一個機會的到來。

亥年出生者，知識慾旺盛，對任何事情都想去研究，都非常感興趣，如果能夠選擇適合自己興趣的工作，才能使自己成長、發展，一生的運勢，基本上具有很強的力量，如果有好機會，則從年輕時起就會有旺盛的運氣；但遇到挫折時，很容易變得脆弱，因此，中年以後保持具有餘裕的生活態度非常重要。

在戀愛方面，一旦喜歡對方，就會熱情的、拼命的去接觸對方，這力量很可能會壓倒對方！原本就具有深切情愛、喜歡照顧他人的女性柔美的一面，但是，不要過於頑固的表現自我，建立清爽的印象，才是掌握戀愛的重點。

結婚以後，也能夠創造一個活潑明朗的家庭，非常適合擔任家庭主婦，也具有行動力，因此，可能會成爲一個沒有和丈夫商量就自己立刻做決定的妻子。

適合的婚姻對象是能夠使妳安心的辰年出生者；或者光是待在身邊就能使妳覺得幸福的寅年出生者；如果亥年出生者願意主動領導，和酉年出生者也能發展爲快樂的交往。

占易

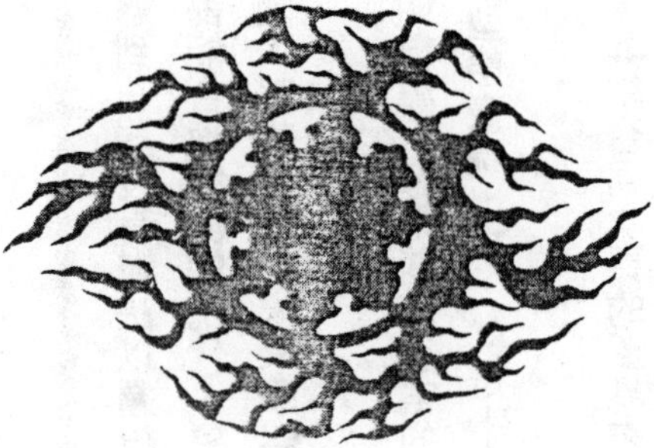

六十四卦告知未來

第 3 章

六十四卦告知未來——占易

在我們的一生當中，經常會遇到一些沒有辦法以邏輯的方式加以說明、解釋的「偶然事件」，即使科學進步，任何事情都能合理解決的現代，要預知明天也是不可能的。

在人類眞正迷惘時，古代中國人就想出了「未來學」，這就是現在要爲各位介紹「易」的學問。

他們認爲包括人類在內的一切根源，都是基於宇宙的太極，藉著太極的變化，使自然界也產生變化，而此變化，以八種型態表現出來，就是——地、雷、水、山、澤、火、風、天。

由這八者組合而成六十四卦，其組合爲次頁的斷易表。

藉著六十四卦，就可輕易判斷包括人類在內，宇宙森羅萬象一切的命運，易的本質，是將沒有辦法以邏輯推理出來的明日姿態，具體的展現在我們面前，能夠掌握住命運的必然。

●斷易表

	地	雷	水	山	澤	火	風	天
地	坤爲地	雷地豫	水地比	山地剝	澤地萃	火地普	風地觀	天地否
雷	地雷復	震爲雷	水雷屯	山雷頤	澤雷隨	火雷噬嗑	風雷益	天雷無妄
水	地水師	雷水解	坎爲水	山水蒙	澤水困	火水未濟	風水渙	天水訟
山	地山謙	雷山小過	水山蹇	艮爲山	澤山咸	火山旅	風山漸	天山遯
澤	地澤臨	雷澤歸妹	水澤節	山澤損	兌爲澤	火澤睽	風澤中孚	天澤履
火	地火明夷	雷火豐	水火既濟	山火賁	澤火革	離爲火	風火家人	天火同人
風	地風升	雷風恆	水風井	山風蠱	澤風大過	火風鼎	巽爲風	天風姤
天	地天泰	雷天大壯	水天需	山天大畜	澤天夬	火天大有	風天小畜	乾爲天坎

易的做法，如上所叙述，是藉著偶然的累積而算出「卦」，心中懸念著想要占卜的事項，探詢未來的命運，所以，這並非偶然出現的易，而是必然的暗示。

重視這個偶然的意義，而對占卜表示關心的是，在精神醫學世界和弗洛依德同樣留下偉大績業的C·G·雨果（瑞士人），他可說是最早注意到中國「易」的心理學家。

近年來，「易」引起歐美各國知識份子的興趣，占卜非常盛行的原因，也是來自於雨果的影響。

具體而言，要得到「易」卦該如何做呢？

眞正的「易」的判斷法，是好像街頭的斷易者一樣，使用筮竹，將幾十根細竹棒一邊分開、一邊斷易，但一般人很少擁有筮竹，因此，本書爲各位介紹任何人都能進行的簡略法。

這當中，最普級的就是使用六個十元硬幣的占易法。

首先，將六個硬幣放在雙手中仔細搖動，在心中默唸自己想要占卜的事項或是希望，然後閉上眼睛，將一枚一枚的硬幣取出，這時，由下往上依序排列，六枚硬幣都排完以後，張開眼睛，看看硬幣的表裡。

表（人頭），表示陽，畫上「—」的記號。裡（數字），表示陰，畫上「- -」的記號。

此外，還有使用三枚硬幣的方法，這時，同時丟三枚硬幣，如果同時都是「表」，則爲「—」，如果三枚全都是「裡」，則爲「- -」；如果三枚中只有一枚是「表」，則爲

「--」，如果有二枚是「表」，則爲「一」，以這樣的方式來卜卦。

將最初出現的卦置於最下方，同樣的以剛剛的方法重複操作五次，共卜出六卦。

像這樣子算出六卦後，再比對前項的斷易表；你所卜出的卦，一定會符合表1～64中的任何一項。

例如：請看例子所顯示的硬幣狀態。

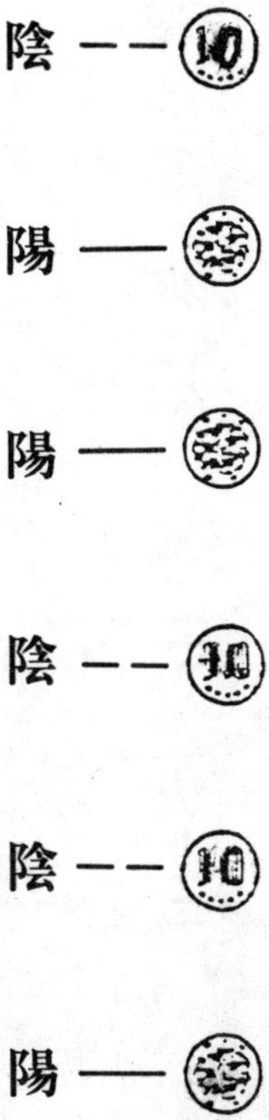

「表」爲「一」，「裡」爲「--」，放在一起形成「䷐」的卦。這個形，以斷易表來看，則是34的「澤雷隨」，這就是反映你未來命運的指標。

前面敘述過，這個卦是自然界八種事物的組合，各自以下列的陰陽方式來表示。

地＝☷　雷＝☳　水＝☵　山＝☶

澤＝☱　火＝☲　風＝☴　天＝☰

這些組合各自組合以後，就形成六十四卦。

那麼，準備好六枚十元硬幣，按照前述的作法來算出自己的卦；接下來爲各位解說你所得的卦。

1

乾爲天

良好的上昇運出現，表面上看起來一切順利。

但是，這只是表面的順利，任何事都不可依賴他人，要靠自己的力量去做。

如果在打扮上花金錢，或者一味追求表面的奢華，容易招致失敗，必須注意。

2

坤爲地

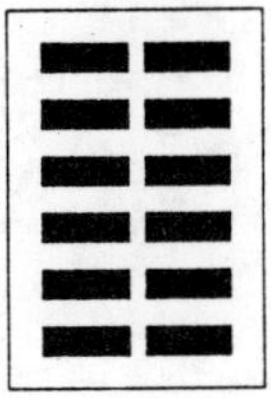

年長者的意見，前輩的情報，能夠爲你帶來財運。

如果自己過於迷惘，不斷改變方針，會使機會逃脫或是遭遇大損失。

確實守好目前的現狀，才是得到財運的捷徑。

別忘記盡好自己的義務。

3

水雷屯

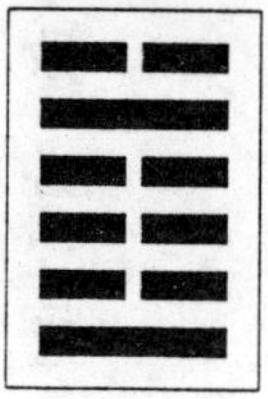

事情沒有辦法隨心所欲的進展，或者有出意料之外的花費，尤其金錢上的收益，可能會意外的受到大打擊，所以，不可做太過輕鬆的判斷。

原本事情發展順利的人，現在也已經到達下降的時期，一定要好好忍耐。

4

山水蒙

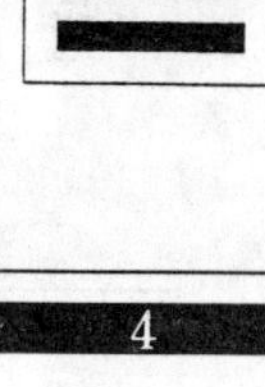

眼前好像煙霧瀰漫一樣，暗示不清楚的狀態。

對於兩種以上的事情，關心度極高，結果任何一種都有半途而廢的危險。

遵從年長者或經驗者的建議、指導，才能走向成功之路。

5

水天需

這卦是等待的意思。

就算對自己的構想深具自信，或認爲能夠賺錢，也不能勉強前進，否則容易遇到大的阻礙。

即使想要朝著大的目標飛躍前進，也要相信自己持續、堅持的努力，機會一定會到來。

6

天水訟

「訟」是指紛爭的意思，這時，應防止和他人對立，所以，保持距離與人交往，最爲安全。

不要過於打探他人的隱私，或勉強推銷自己的想法，此外，在金錢上有很多的糾紛，萬一當保證人有可能會受害，必須注意。

7 地水師

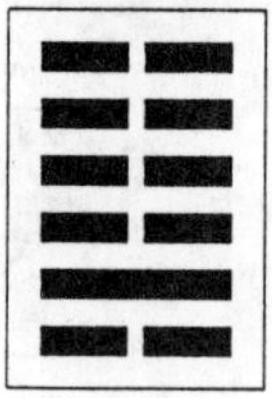

容易引起糾紛，意見大都對立。

尤其是兩人共創事業或去賭博，友情可能會出現裂痕。

是否有別人向你借錢而忘了還，或是你向別人借錢卻忘了的情形呢？

金錢上的糾紛，趁事態尚未擴大以前，要趕緊解決。

8 水地比

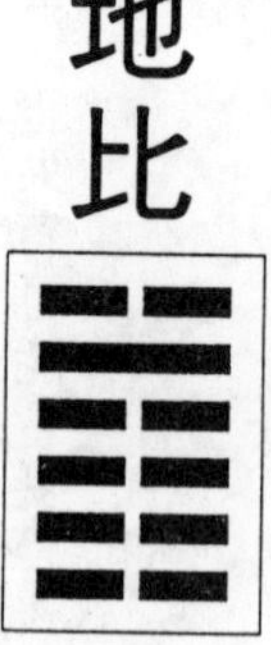

以往的努力的確能開花結果。

賭博運、工作運都會上升，成爲飛躍的機會。

要分析狀況，展現適合的行動才是最重要的。此外，受人歡迎、受人提攜的機會也會增加。

覺得是對的事情就要付諸實行。

9

風天小畜

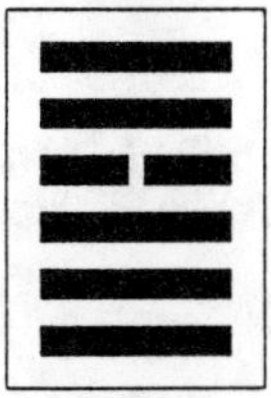

爲了達到目的，必須超越各種束縛及困難。可能對手會突然出現。

心情不平靜的時候，等待風平浪靜是很重要的。即使是有實力、幸運的人，現在周圍的狀況對你不利。

爲了以防萬一，現在要儲備你的實力。

10

天澤履

暗示猛虎入檻的危險。

由於過份自信，想要向超越自己能力以外的範圍挑戰，但是，若在金錢上產生大變動的話，則不利。奢侈會造成不良的影響。

此外，也可能在不知不覺中傷害他人，要特別注意。

這時，要注意整理身邊的一切。

11 地天泰

䷊

暗示最穩定的上升運。

也許突然之間會有好構想出現。覺得是機會時，就要盡早展現行動，才能夠得到大財運。

如果花了太多時間於娛樂上，眼前的大魚可能會逃之夭夭。

12 天地否

䷋

雖然事情可能無法隨心所欲，但過於焦躁，可能造成浪費心力，結果計畫無法實行。

而且，這也是在人際關係上容易產生糾紛而導致金錢上的麻煩的時候。

雖然你的構想很好，但是行動力不足，或無法獲得衆人的協助，可能會失敗。

13

天火同人

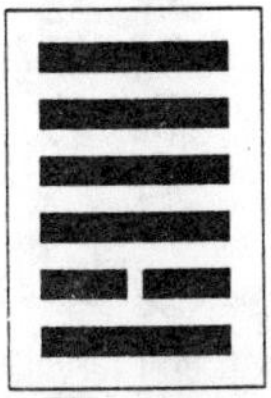

兩人比一人好，三人又比兩人好，藉助團體的力量互助合作，才可能獲得成功。

不論在金錢、工作或休閒上，一定要和前輩或朋友開始行動，才能獲得良好的結果。

雖然辛苦，但夥伴會給你帶來好運。大夥同心協力地度過危機。

14

火天大有

人生大發展的時期，就在眼前。財運、工作運，都是好運到來的時刻。

不過，雖有大筆金錢入袋，但要小心浪費，要儲備將來的資金。過於鬆懈可能會引起痲煩。

千萬不要忘記謙虛的態度。

15

地山謙

得到好朋友之惠，獲得他們的協助就能達到目標。

看似平凡，但是也可以算是穩定的時期。不要鋒芒太露，宜謹慎行動，財運也會逐漸上升。

對於和自己站在相反立場的人、年紀較輕者、女性的意見，不可等閒視之，要積極地接納。

16

雷地豫

要開始一項新的工作或金錢計畫時，必須先有充分的準備與學習。要從各種角度加以研究。

這時，努力不懈的人就能得到成果，相反的，如果過於貪玩的人，只會增加辛苦。

謹慎莫貪玩，過著穩定的生活，才能有好影響。

17

澤雷隨

不惜粉身碎骨，率先行動者，能得到衆人的感謝。是產生大變化的前兆時期。

在金錢上，不要積極地開源，採取消極的節流方法較好。

過於勉強會帶來不幸。

18

山風蠱

「蠱」是物體腐敗、破壞之意。

在人生道路上不斷跌倒，可能漸漸地對自己的想法與生活方式缺乏自信，陷入進退維谷的困窘中。

這時，最重要的是要朝著目標繼續前進，不要走旁門左道，也不要感覺迷惘。

19

地澤臨

是暗示上升的徵兆。

不過，要重視基礎，任何事情都要秉持初衷前進。不過，如果準備或計畫做得不好，可能使工作或財運喪失，造成不良的影響。

雖然會有暫時發展不順利的情形，但是，應該很快就會有好運到來。

20

風地觀

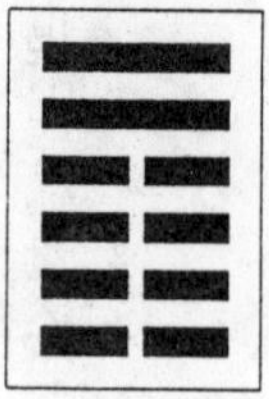

陷於相當困難的狀況，需要做出決斷的時期。要做多方面的檢討。

聽取他人的意見，看看書蒐集情報，確實掌握社會動態，這點非常重要。

但是，不論在賭博或賺錢上，都是有不良影響的時候。如果產生金錢上的慾望時，可能招致意想不到的損失。

21

火雷噬嗑

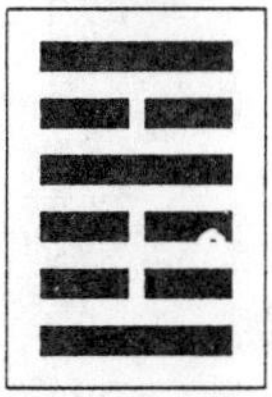

遇到意想不到的阻礙、痲煩，是困難的時期。

如果能夠巧妙地度過，就能擁有大幸運、大成功。也能夠逐漸成長爲成熟的人。

此外，在金錢上也是處於困難的時期。必須盡量減少損失。

22

火山賁

因爲無端的浪費、過分的奢侈而沒有留下金錢。

此外，也可能遇到意外事故或災害，過於勉強，可能會導致大的痲煩。

要培養自制心，抑止虛榮心，這都是重點。

23

山地剝

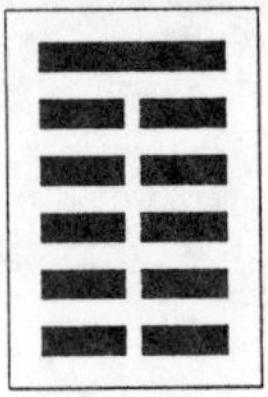

「剝」是前落、削落的意思，暗示不穩定的狀態。

這時，可能會出現意想不到的阻礙，容易遇到大意失荆州或詐欺等倒楣的事情。也可能捲入一些不相干的事件糾紛中。

要控制自己的冒險心和想決勝負的心態。自戒是最重要的。

24

地雷復

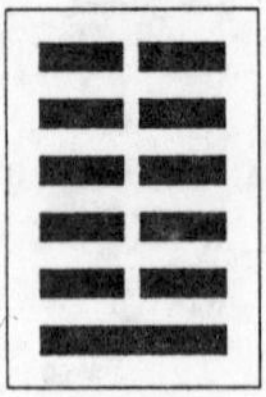

是指以往的不幸會消失，機會來臨的卦。

藉著篤實的努力來鞏固基礎的話，不論在金錢運或出人頭地上，都會非常的好運。

會有認同你實力的人出現。但是，因爲也具有回歸往昔的意義，所以，注意不要重蹈覆轍。

25

天雷无妄

如果能以正直、不虛僞的態度來處理事物，一切都會非常順利。

原本在欠缺誠實的時候，就會有失敗的危險出現。

一定要誠誠懇懇地努力，培養技術，能夠得到衆人的認同，就能掌握好運。

有的人也會因爲成爲他人的養子而掌握財運。

26

山天大畜

現在具有相當好的上升機會，但是，自己可能沒有察覺到。

別人給你的工作，要完全地做到，這樣就能提高你的信用度而且使財運發展。

最初的辛苦將來必定能得到報償，擁有這種好運勢。

27

山雷頤

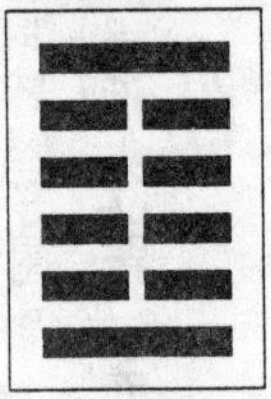

雖然運勢上非常的強，但是金錢的運用不合理，因而喪失衆人的信任。

人際關係上必須謹愼從事。

即使討厭對方的錯誤，如果將其表面化，只有對自己帶來不好的影響。

28

澤風大過

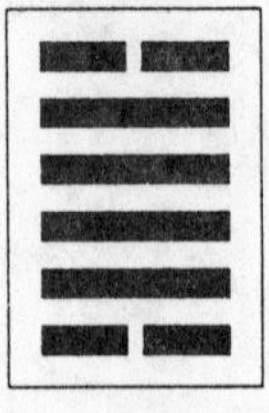

必須負較大的責任，或接受超過實力以上的工作，因而感到有些混亂。

會有壓力堆積，但是，如果先做打好基礎的工作，以及斷然進取的良好行動，那麼，任何事情都會非常順利。

一旦情緒困頓時，對於新的工作及金錢的判斷就容易犯錯。依賴直覺會導致失敗。

29

坎爲水

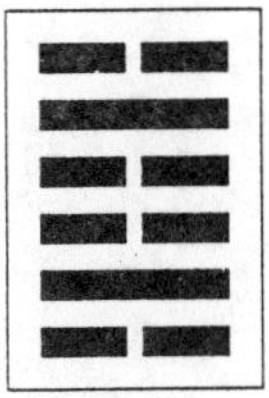

是非常危險困難的時期。

不管做什麼，最後都不了了之，越是焦躁越會產生不良結果。無法得到他人的援助，是孤立無援的。

在這個時候，如果開始做新的事情，會遭到大失敗。現在，必須覺悟到是忍耐的時候，要一動也不動地等候下次機會來臨，這才是聰明的作法。

30

離爲火

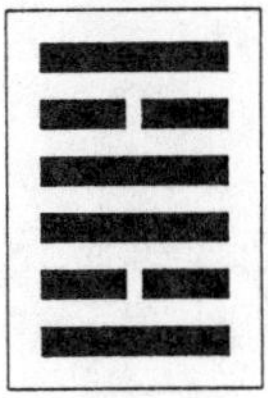

受到感情的支配，而非理性的思考，因而在判斷上容易出錯。

這時的工作，會令對方產生不信任感。在簽約的時候，更需要愼重其事。

金錢上的問題，與其依賴自己的判斷，還不如遵從他人的建議。由値得信賴的人來決定較好。

31

澤山咸

䷞

竭盡誠意就能得到大財運。

就算你不在意，衆人也會幫助你、提攜你，使你得到金錢上的援助。

如果在除了生活以外的其他方面產生欲望的話，會造成不良影響，尤其是過於追求性欲，有可能會失去許多東西。

32

雷風恆

䷟

雷與風暗示雙方緊密結合的合作關係。

如果想要以授受的方式從對方那兒得到利益，那麼，你也必須付出對對方有幫助的東西。

首先要建立良好的人際關係。這才是提高財運的秘訣的。

33 天山遯

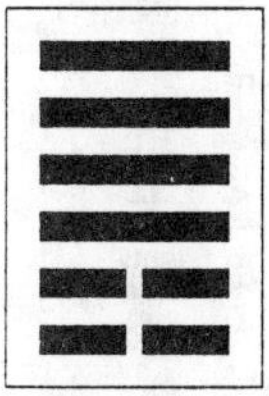

爲了要脫離現在不穩定的狀態，暫時要抽身而退，或決定一個新的時機、目標。

即使到目前爲止，一切發展順利的人，也可能產生各種阻礙，不良的影響會不斷增加。也可能必須爲他人的過錯負責。

所以，目前優先考慮的第一要件就是自我防衛。

34 雷天大壯

不要選錯目標，只要朝著正確的方向前進就能成功。

周圍的人對你也抱著期待之心，現在是你充滿欲望的時候，但是，如果太過沉迷於別人的奉承或太過於展露欲望的話，可能會招致大失敗。

要確實做好調查分析，即使確認事情能夠順利發展，但是，再考慮一次的慎重態度是必要的。

35

火地晉

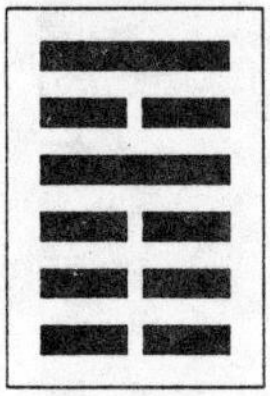

暗示「前進」。

以往的辛勞和糾紛都解決了，不管想什麼，都能隨心所欲地達成，是幸運的機會。

這時湧現的構想，能伸展財運，也能夠使智慧增長。

尤其是若能得到年長者的幫助，就更能產生良好的效果。但是不可太過於洋洋得意，必須自我警戒，這點非常重要。

36

地火明夷

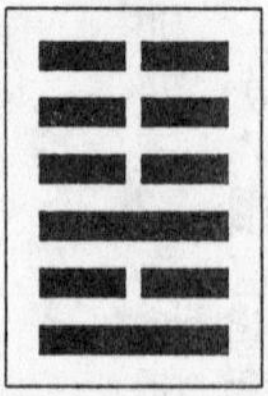

是太陽沉落到地平線那一端的卦。

雖然具有實力，但卻爲埋沒不露的狀態。現在的你，會歷經很多辛苦，收穫較少。

有時候必須停下腳步來觀察周圍的狀況。

這時，也可能遇到扒手、偷盜，或遭受金錢上的糾紛、詐欺，平常就要小心謹慎。

37 風火家人

暗示守住家園的卦。

在金錢問題上可能引起糾紛，也可能會使家人煩惱。以信用卡購物時必須考慮預算，盡可能抑制衝動的浪費。

也許能夠得到周圍衆人的協助及友情的幫助。

38 火澤睽

這是兩方無法相容要素對立的卦。

即使你很有誠意，對方也無法了解，或者有相反的情形出現。

這時，不論在工作或遊玩上，如果只按照自己的想法一意孤行的話，反而會造成危險。要採納第三者的意見，或在自己能夠冷靜做出任何決定之前，不要輕易展現行動。

39

水山蹇

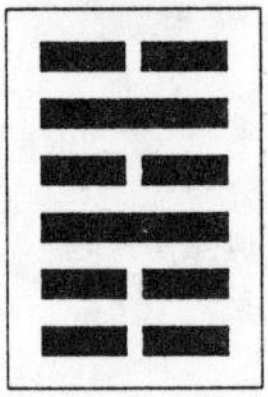

你所借貸的金錢，赤字不斷地增加，甚至勒得喘不過氣來。總之，現在必須要具有忍耐的勇氣。如果一直產生欲望的話，只會造成不良的影響。

這時，不要開始做新的事情，要努力維持現狀。

40

雷水解

以往因爲借貸或金錢問題而倍感苦惱的人，現在應該能夠掌握解決問題的端倪了。以往的辛苦現在嘗到收穫的甜美，擔心的事情也一一解決了。

但是，以往承受恩惠的人，過於掉以輕心，可能會因爲風流等而引起性方面的煩惱，使你陷入窘迫的境界。

41

山澤損

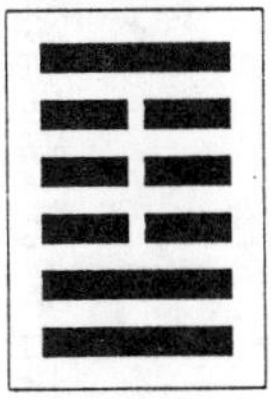

眼前的事情雖有不良的影響，但卻意謂著將來可能會有生機。

必須努力、辛苦地儲蓄，做爲將來投資的資本。

同時，也暗示著非常值得依賴的人物，就在你身旁。

42

風雷益

人際關係進展順利，在金錢上也能逐漸達成願望，有好的機會。

以往交涉中的工作問題或金錢問題，現在也能夠以對你有利的形式進展。只要提起幹勁，就能得到幸運。

但是，支票、票據或信用卡等的處理，必須注意。

43 澤天夬

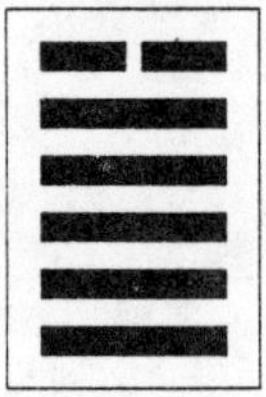

指貼好的東西「毀壞」的卦。

可能會遇到大的阻礙，以往進展順利的事情也可能變得不順心，是屬於不良的運。

賭博的一次決勝負，或是含有強烈賭博因子的投機事業，可能會成爲一生的憾恨。如果要做大的決定，最好稍微延遲一些。

44 天風姤

是容易因爲意想不到的痲煩而遭受金錢上的損失，或蒙受精神損失的時候。有想要利用你的人物出現，而你也沒有辦法拒絕朋友的誘惑。

要特別小心在工作或賭博上和你聯手的人。

有時，必須要有斷然拒絕的勇氣。

45

澤地萃

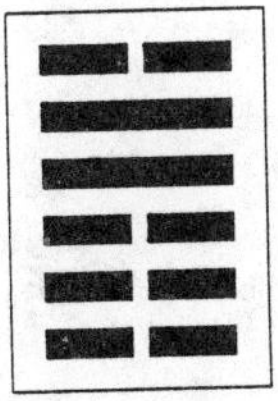

人際關係相當活絡，藉著與人交往而能伸展工作或金錢運。

在初次前往的場所，與他人的交流能夠提升財運或銷售運。

豐富的人脈對你而言，是最佳的財產。

46

地風升

著實朝通往成功與幸福的階梯往上爬升的前進時刻。

表面上雖然老實，但是能夠努力不懈的話，伸展財運的機會就會到來。

雖然覺得沒有用，但持續努力的話，也會逐漸冒出成功之芽來。

危險的橋最好不要度過。

47 澤水困

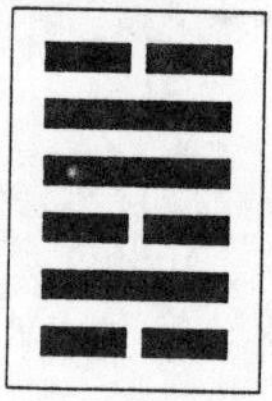

一切都會使你遭受精神的壓抑，以自己的步調前進，工作沒有進展。

可將這段時間當作刻苦耐勞培養強力黏性的時期，不要有太大的欲望比較安全。

雖然在金錢上會牢騷滿腹，但是，如果任性地想去做投機事業來賺錢的話，會使你後悔。

48 水風井

對於他人秉持禮貌，重視和別人的交往，就能夠伸展財運。

對自己的公司、家人的不滿情緒高漲，產生反抗心，經常想要亂發脾氣。

但是，必須要培養重視以往生活的心情。

絕對不能夠任性，或表現出傲慢的態度。

49

澤火革

䷰

出乎意料之外的事態好轉，使得幸運降臨。積極的行動能夠使你擁有機會。

構想的轉換非常重要，麻煩也會出現因你的構想而獲得解決的機會。

所有的生活方式、想法，都必須有所轉變。

50

火風鼎

䷱

不論是在金錢、工作或生活上，若能稍微改變以往的生活型態，就能夠掌握上升運。

但是，金錢上的改良，事前必須仔細調查、研究，這點非常重要。如果不注意，可能會使上升運逃走。

51

震爲雷

䷲

雖然燃燒著欲望，但無法展現成果。每日的工作都非常忙碌，但錢卻賺得很少，也無法得到周圍衆人的好評。

這時，就算出錯、沒有成果，也不能焦躁地展現行動。花一點時間仔細地處理，這才是最重要的。

52

艮爲山

䷳

以往所做的事情，如果還是單純地沿襲前例去做，會變得一成不變，在金錢上也無法得到利益。

可是，現在就算想做什麼，也不會有所進展，是屬於停滯運。

反省過去，想一些新的事情，可將這段時期視作休息時間，好好地充電。

53

風山漸

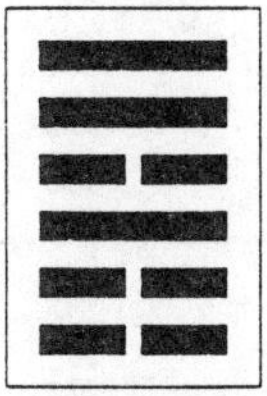

眞正幸運上升的前兆時期。按照計畫去做，事情會順利進展。

這個時期努力不懈，最後就能得到大的利益。對於突然狀況的變化，一定要冷靜地加以處理。如果改變以往的計畫或目的，只會造成不良的影響。

要秉持初衷，努力去做，這才是獲得成功的關鍵。

54

雷澤歸妹

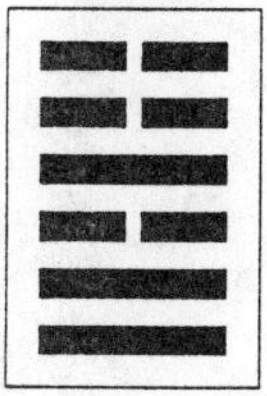

暫時的欲望可能蒙蔽了雙眼，而使你無法做出正邪的判斷。

尤其是來自異性的甜言蜜語，或關於賺錢的建議，都必須要注意。爲了使頭腦冷靜思考，必須要有一段冷卻時間。

傾聽有經驗者的建議也是一種方法。

55

雷火豐

䷶

表面上看起來，任何事物的景氣都很順暢，而且會有金錢收入。但是事實上，卻會有相當大的花費。

如果過於掉以輕心，聽信他人的甜言蜜語，可能會有詐欺方面的損失。

絕對不要任意地花費金錢，或是輕易地聽信容易賺錢的建議。

56

火山旅

䷷

容易孤立，或與周圍衆人對立的時期。

此外，雖有大的工作或機會到來，但你自己並不想這麼做。

也許你想自己去做一些什麼事情，但是，這時不要迷惑於周圍衆人的建議，要擁有目的，採取斷然的行動，才能夠帶來好運。

57

巽爲風

任何事情都考慮得太多，難以做出決斷的時刻。

周圍的人會給你很多意見，但是，還是要依賴本身的洞察力。對於身邊的人，如果抱持野心或表現好戰的態度，會造成不良的影響。

在財錢運方面，只要能夠努力工作，也會達到當初的願望。

58

兌爲澤

會有出乎意料之外的收入，但是相反的，過於掉以輕心也可能會招致大失敗。

要仔細地思考將來的生活方式。

一旦受到他人甜言蜜語的引誘時，有可能捲入詐欺或遇到金錢上的糾紛。

59

風水渙

就好像物換星移一般，運勢也會改變。失業中的人、沒有金運之惠的人，現在工作和財錢運會到來。但是，以往發展順利、看似幸運的人，也可能會遇到不幸。

此外，你本身的想法、價值觀會改變，對以往缺乏幹勁的事情，可能會變得十分熱衷，而想要努力去做也說不定。

60

水澤節

不管做什麼事情，首先都要考慮到道德問題。

例如，就算有大筆金錢收入，如果是用不正當的方法得來，最後錢仍然會變成零。

要以自己的良心來判斷。

此外，這個卦也顯示出在收入的範圍內妥善運用金錢，要謹戒浪費。

61

風澤中孚

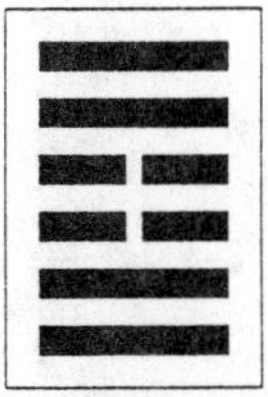

現在，最重要的是正直與誠實。要經常考慮到對方的立場，這點非常重要。雖然精神上可以得到滿足感，但是，物質或金錢上可能無法隨心所欲。

大都會爲了他人而使用金錢，但是，這種與人交流的方式最後還是對你會有好影響。

61

雷山小過

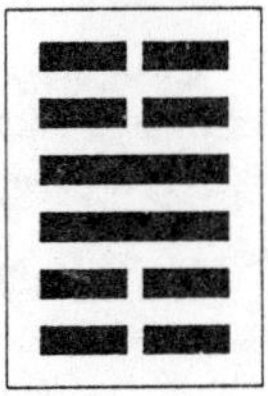

重視過去，但對於自己的工作和金錢的運用也必須愼重考慮。

以以往所累積的努力爲基礎，開始做些什麼，都是很好的。

不過，過於自信可能會使你嘗試投機事業，也可能會想以賭博來一決勝負，如果這麼做，恐怕以往的努力都會付諸流水。

要在自己的能力範圍內行動，不可以任意擴張自己的能力範圍。

63

水火既濟

䷾

開始時非常順利，但是，稍微疏忽的話，幸運就會遠離。

不要光是顧到眼前的事項，要擁有對將來的展望。如果有大筆金錢收入，必須未雨綢繆地儲蓄起來。

隨時都要考慮到三年後的事情來展現行動，這點是非常重要的。

64

水火未濟

䷿

雖然剛開始時事情發展不順利，但隨著時間持續努力，漸漸就會變得順利。

縱使失敗，也要自己調查、反省原因，就能夠獲得將來的成功。

不要放棄，要一直堅持到最後爲止。

四柱推命術

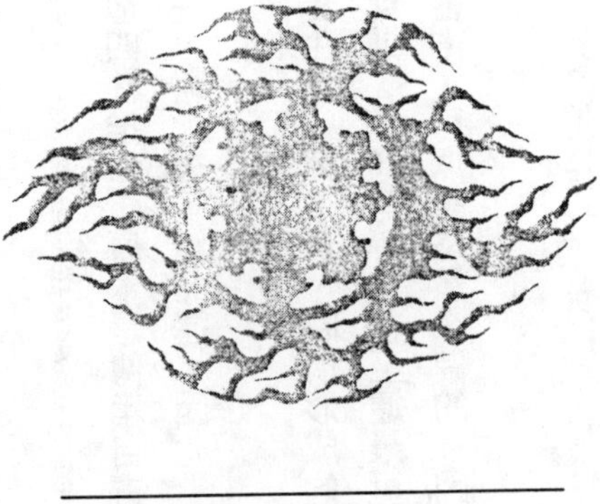

甚至連死期都能順利的四柱

第 4 章

甚至連死期都能預測的四柱

——四柱推命術

各位聽說過四柱推命這種占卜術嗎?這種四柱推命,原本是傳承自古代中國的一種占卜術。以一個人的出生年、月、日、時成立四柱,藉此來了解命運,因此,有「四柱推命」的說法。

四柱推命是非常細密的占卜術,利用以出生年、月、日、時所形成的四柱,而推算一個人的性格、適合從事的職業、戀愛、婚姻、財運、健康等等,甚至連最可怕的死期都能夠知道。而且,命中率非常的高,在許多占卜術當中,可以說是最準確的,因此,又稱作「占卜之王」。

四柱推命所需要的出生年、月、日、時,各稱作年柱、月柱、日柱、時柱,尤其是日柱,對人生會造成強烈的影響。而左右日柱運勢的,則稱作「十二運」的宿命星。不只是日柱,年柱、月柱、時柱也有宿命星,本書特為各位介紹日柱的「十二運」,藉此讓大家一邊享受四柱推命的樂趣，一邊占卜自己的戀愛與婚姻。

原本這宿命十二星，在以前使用的是長生、沐浴、冠帶、建祿、帝旺、衰、病、死、墓、絕、胎、養等名稱，而本書則更換名稱為櫻花星、美麗星、光輝星、淑女星、帝旺星、美姬星、浪漫星、春蘭星、寶珠星、文殊星、黎明星、天眞星。

在戀愛時遇到阻礙而倍感煩惱，或是想擁有美麗的戀情時，十二星能夠給你更好的建議。

現在，就趕緊從十二星當中找出你的宿命星吧！

要找出宿命星的方法，其實非常簡單。請依照以下①～③的步驟進行。

找出宿命十二星的方法

❶首先，從表①與表②中找到你的命運數。從直欄找你的出生年，橫欄找出生月，交叉處的數字就是你的命運數。

例如西元一九六八年三月十九日出生的王小姐，命運數是6。西元一九六五年一月十日出生的李先生，命運數是51。

❷找出命運數以後，再加上你的出生日。這時如果合計數字超過60以上，必須減去60。如果在60以下，就不必減掉。這個數字就是你的宿命數。

例如王小姐，命運數6加上出生日19，等於25，那麼25就是宿命數。再如李先生，命運數51加上出生日10，等於61，61減去60等於1，1便是宿命數。

❸以宿命數爲基礎，在表③中找出宿命十二星。看到符合你的宿命數的一欄，便知道自己的宿命星是什麼。

如宿命數25的王小姐，宿命星是黎明星；宿命數1的李先生，宿命星則爲美麗星。

●命運數速見表①

12月	11月	10月	9月	8月	7月	6月	5月	4月	3月	2月	1月	生月／生年
0	30	59	29	58	27	57	26	56	25	57	26	西元1926年
5	35	4	33	3	32	2	31	1	30	2	31	27年
11	41	10	40	9	38	8	37	7	36	7	36	28年
16	46	15	45	14	43	13	42	12	41	13	42	29年
21	51	20	50	19	48	18	47	17	46	18	47	30年
26	56	25	55	24	53	23	52	22	51	23	52	31年
32	2	31	1	30	59	29	59	28	57	28	57	32年
37	7	36	6	35	4	34	3	33	2	34	3	33年
42	12	41	11	40	9	39	8	38	7	39	8	34年
47	17	46	16	45	14	44	13	43	12	44	13	35年
53	23	52	22	51	20	50	19	49	18	49	18	36年
58	28	57	27	56	25	55	24	54	23	55	24	37年
3	33	2	32	1	30	0	29	59	28	0	29	38年
8	38	7	37	6	35	5	34	4	33	5	34	39年
14	44	13	43	12	41	11	40	10	39	10	39	40年
19	49	18	48	17	46	16	45	15	44	16	45	41年
24	54	24	53	22	51	21	55	25	49	21	50	42年
29	59	28	58	27	56	26	55	25	54	26	55	43年
35	5	34	4	33	2	32	1	31	0	31	0	44年
40	10	39	9	38	7	37	6	36	5	37	6	45年
45	15	44	14	43	12	42	11	41	10	42	11	46年
50	20	49	19	48	17	47	16	46	15	47	16	47年
56	26	55	25	54	23	53	22	52	21	52	21	48年
1	31	0	30	59	28	58	27	57	26	58	27	49年
6	36	5	35	4	33	3	32	2	31	3	32	50年
11	41	10	40	9	38	8	37	7	36	8	37	51年
17	47	16	46	15	44	14	43	13	42	13	42	52年
22	52	21	51	20	49	19	48	18	47	19	48	53年
27	57	26	56	25	54	24	53	23	52	24	53	54年
32	2	31	1	30	59	29	58	28	57	29	58	55年
38	8	37	7	36	5	35	4	34	3	34	3	56年
43	13	42	12	41	10	40	9	39	8	40	9	57年
48	18	47	17	46	15	45	14	44	13	45	14	58年

●命運數速見表②

12月	11月	10月	9月	8月	7月	6月	5月	4月	3月	2月	1月	生月／生年
53	23	52	22	51	20	50	19	49	18	50	19	西元1959年
59	29	58	28	57	26	56	25	55	24	55	24	60年
4	34	3	33	2	31	1	30	0	29	1	30	61年
9	39	8	38	7	36	6	35	5	34	6	35	62年
14	44	13	43	12	41	11	40	10	39	11	40	63年
20	50	19	49	18	47	17	46	16	45	16	45	64年
25	55	24	54	24	52	22	51	21	50	22	51	65年
30	0	29	59	28	57	27	56	26	55	27	56	66年
35	5	34	4	33	2	32	1	31	0	32	1	67年
41	11	40	10	39	8	38	7	37	6	37	6	68年
46	16	45	15	44	13	43	12	42	11	43	12	69年
51	21	50	20	49	18	48	17	47	10	48	17	70年
56	26	55	25	54	23	53	22	52	21	53	22	71年
2	32	1	31	0	29	59	28	58	27	58	27	72年
7	37	6	36	5	34	4	33	3	32	4	33	73年
12	42	11	41	10	39	9	38	8	37	9	38	74年
17	47	16	46	15	44	14	43	13	42	14	43	75年
23	53	22	52	21	50	20	49	19	48	19	48	76年
28	58	27	57	26	55	25	54	24	53	25	54	77年
33	3	32	2	31	0	30	59	29	58	30	59	78年
38	8	37	7	36	5	35	4	34	3	35	4	79年
44	14	43	13	42	11	41	10	40	9	40	9	80年
49	19	48	18	47	16	46	15	45	14	46	15	81年
54	24	53	23	52	21	51	20	50	19	51	20	82年
59	29	58	28	57	26	56	25	55	24	56	25	83年
5	35	4	34	3	32	2	31	1	30	1	30	84年
10	40	9	39	8	37	7	36	6	35	7	36	85年
15	45	14	44	13	42	12	41	11	40	12	41	86年
20	50	19	49	18	47	17	46	16	45	17	46	87年
26	56	25	55	24	53	23	52	22	51	22	51	88年
31	1	30	0	29	58	28	57	27	56	28	57	89年
36	6	35	5	34	3	33	2	32	1	33	2	90年
41	11	40	10	39	8	38	7	37	6	38	7	91年

●宿命12星速見表

宿命數	宿命12星	宿命數	宿命12星
31	春　蘭　星	1	美　麗　星
32	天　眞　星	2	美　姫　星
33	浪　漫　星	3	櫻　花　星
34	櫻　花　星	4	浪　漫　星
35	寶　珠　星	5	光　輝　星
36	黎　明　星	6	帝　旺　星
37	春　蘭　星	7	美　麗　星
38	天　眞　星	8	美　姫　星
39	浪　漫　星	9	櫻　花　星
40	櫻　花　星	10	浪　漫　星
41	美　姫　星	11	天　眞　星
42	美　麗　星	12	春　蘭　星
43	帝　旺　星	13	黎　明　星
44	光　輝　星	14	寶　珠　星
45	浪　漫　星	15	櫻　花　星
46	櫻　花　星	16	浪　漫　星
47	美　姫　星	17	天　眞　星
48	美　麗　星	18	春　蘭　星
49	帝　旺　星	19	黎　明　星
50	光　輝　星	20	寶　珠　星
51	淑　女　星	21	文　殊　星
52	淑　女　星	22	文　殊　星
53	光　輝　星	23	寶　珠　星
54	帝　旺　星	24	黎　明　星
55	帝　旺　星	25	黎　明　星
56	光　輝　星	26	寶　珠　星
57	淑　女　星	27	文　殊　星
58	淑　女　星	28	文　殊　星
59	光　輝　星	29	寶　珠　星
60	帝　旺　星	30	黎　明　星

櫻花星〈長生〉

如春天盛開的櫻花一樣，溫和而具有純眞之心。

性格溫和，不拘泥於小節。彷彿少女漫畫中的淸純少女一樣。不注意外貌，但重視內在的充實，在這方面非常的努力。

基本上，雖然外表溫馴，但內心隱藏著如火般的熱情，只要是想要的東西，一定會想盡辦法得到，具有這種執著的個性。

不喜歡浮華的愛情，只想踏實地愛。不會在意外貌的美醜或良好的條件，而重視對方的個性。對於閃耀光輝、精神充實的男性，會以心相許。不想一見鍾情式的戀愛，會仔細地觀察對方以後，再來談戀愛。

開始交往以後，會花很多時間讓雙方互相了解，探討彼此是否都是精神成熟、成長的人。愛情的表現較爲拘謹、被動。經常會想著「他和自己心意相通」，因此，非常的羞怯，但也容易讓告白的機會就此溜走。然而，因爲具有積極的強大耐力，所以，花一段時間後一定能掌握他的心。

如少女般純眞、羞怯的櫻花星女性，看在男性眼中，是「令人想要保護她的那一類型的女孩」。因此，受男士歡迎，非常吃香。很多男性會主動接近妳哦！

但是，認眞的妳絕對不會草率地答應對方，在還沒有發現自己眞正喜歡的對象之前，絕對不會輕易地令對方有所誤會，因此，要找到情人恐怕得花上一段時間，但是，這也是櫻花星的特徵。

結婚對象若是相差五歲以上的男性，較爲幸運。不拘泥於小節，具有成熟性格的男性才是最適合的對象。

此外，趣味相投常是談成戀愛的關鍵。但是，也有可能先嘗試同居生活，等到懷孕了，才匆匆忙忙地踏上紅毯的那一端。

美麗星〈沐浴〉

自由奔放，會率直地順著自己的心意去做。不在乎世間的常規，會展現滿足自己心意的行動，最不喜歡和別人做同樣的事情。具有審美觀，很懂得打扮自己；對流行和服飾非常敏感，具有優秀的裝扮自我的才能。經常以華麗的裝扮來表現自我。

從小時候開始，如果自己不是主角，就會很不高興。具有高傲的自尊。但是，本質上卻是很怕寂寞的人，一人獨處時會覺得非常的孤單，會變得很想與人親近。

沒有愛就無法生存，可說是戀愛至上主義者。與其說愛人，還不如說被愛才能感受到喜悅，因此，經常夢想著與熱情的男性陷入熱戀。

容貌秀麗、非常性感，因此，經常會遇到異性來誘惑，不用擔心沒有戀愛的對象。可是，沒有辦法區別玩玩而已和認眞的，異性麻煩不斷。雖然已有戀人，但是，當更有魅力的異性出現時，就會把注意力轉移到他的身上，所以，經常經歷一些不穩定的戀情。

一生當中，都會有戀愛的機會，但是大都晚婚。理由可能是緣於容易厭倦的性格。

即使戀愛也想追求自由的妳，最討厭被束縛。因此，當情人稍微出現一些想要約束妳的行動時，妳的熱情就會很快地冷卻下來。同時，經常會抱著期待之心，認爲「還有更好的男性會出現」，因此，對於現在戀人的要求，拖延著不肯給予明確的回答。爲了避免這些麻煩，一定要釐清自己的心態，選擇對象，再來交往。重點在於要找到一個心胸寬大、不會束縛妳的男性，才能掌握眞正的愛情。

來自男性的誘惑，如果太過於輕率地允許的話，只會帶來悲傷的結果，這點必須注意。

光輝星 〈冠帶〉

不斷燃燒著如火焰般的力量，展現大膽而有活力的外表。最討厭任性、鬧彆扭的人，具有批判的精神。因此，遇到強調歪理或太保守的人時，就算對方是長輩或上司，也會在不同的意見上起衝突。

因此，往往被身邊的人貼上「任性」、「倔強」的標籤，也許因而招致麻煩。但是，藉著積極、明朗的態度和行動力，就能夠超越阻礙，開拓人生。

非常的自負，不管做什麼事情，都要是最好的。服裝講求名牌，喜歡配戴昂貴的飾品，不過，就算身上都是便宜貨，因為本身的高貴氣質，也會變得閃耀生輝。

具有爽朗的性格，但是相反的，也具有女性的柔美和溫馴。在戀愛方面，令人意外的膽怯、害羞，當自己心儀的異性出現在面前時，以往瀟灑的作風消失無蹤，變得楚楚動人。男性朋友很多，看起來應該很習慣和男性交往，但是，一旦要一對一交往時，又會裹足不前。總之，是不會主動告訴對方「喜歡你」這一型的人。

看起來好像對戀愛沒有興趣，但是，在內心深處如果不與對方結婚的話，就沒有辦法敞開心扉。如果能夠自由戀愛、與戀人結婚話，對於婚姻，可能坦率地表達自己的想法。

頭腦聰明，容易引起異性的注目，可能因一些出乎意料之外的關鍵而談起戀愛。只要打算與對方交往，對戀人非常的寬大，能夠充分發揮了解戀人優點的能力。

性格爽快，因此，不喜歡過於粘人的交往。擁有一流的喜好，因此，即使是約會，也會在豪華的餐廳與戀人享受知性談話的樂趣，擁有成熟的戀情。

淑女星

〈建祿〉

把夢和現實分得很清楚，樸實、不斷努力地走向人生的道路。腳踏實地，最討厭浮華的想法。狀似冷酷，但內心其實非常熱情，一旦目標出現，就毫不猶豫地往前衝。凡事愼重其事，因此，能夠確實得到自己想要的。

戀愛一如淑女，非常的謹愼，會以認眞的態度來面對戀情。與其說享受戀愛的樂趣，還不如說以結婚爲前提而進行交往。因此，在異性的眼中是認眞的人，但缺乏情趣，令人不感興趣。所以，在能夠享受戀愛樂趣的年輕時光，可能也不會答應來自男性的誘惑，過著平靜的青春時代。

妳的魅力眞正的展現是在進入社會工作、展現實力的三十歲時期。埋首於趣味或工作中，擁有更深的內涵，搖身一變成爲有味道的女性，吸引異性的注意力。只有實力比妳強的男性才會接近妳，而妳會在這些男士中，依照家世和經濟狀況，選擇適合自己，並能讓自己在婚後繼續工作的人作爲對象。

年輕時雖然不吃香，卻能冷靜觀察男性，所以，選擇的眼光非常精準。與自己理想中的男士結婚，漸漸地變得非常有魅力。

所以，現在就算不吃香，也不必擔心。只要埋首於自己喜歡的事物當中，磨練自己，便會漸漸散發出自己獨特的味道，這才是掌握幸福的關鍵。

不必急著結婚，妳是「晚婚型」女性，適婚年齡約在三十～三十五歲或更遲。結婚後，夫妻倆一起工作，每天都過得充實。不過，妳可不是善於做家事的人，不妨考慮請女傭人。

帝旺星

〈帝旺〉

人如其名，非常自傲，什麼都要拿第一。與生俱來極富熱情，越是辛苦越能散發光芒。不管何時何地，都會很自然地站在領導的地位，最討厭別人命令自己。這樣的妳，是值得別人倚賴的。就像一般人說的「大姊頭」一樣。自我主張強烈，但非自私自利，對周圍的人非常的體貼，有時甚至會犧牲自己來成全他人。可是，如果妳的態度表現得太過於「故意」，會招致衆人的反感。不過，這種倔強的性格會促使你打破困難，踏實地解決問題。

由此可知，具有強大力量的帝旺星對於戀愛也是反應強烈，對於懦弱的男性，根本不屑一顧，憧憬強壯、對工作充滿幹勁的男性。

一旦與理想的男性談起戀愛，就會認爲「兩人相戀是命中注定的」，不管對方是否已有妻子、女朋友，就那麼一頭栽進去，積極地與對方接觸。當然，很容易造成三角戀愛，引起糾紛，但是，妳堅信「夢終能實現」，最後就會成爲戀愛的勝利者。

但是，有時會爲達目的而不擇手段。不單是戀愛，在各方面都是如此，這種性格是帝旺星最大的特徵，但也是最可怕的部分。

一旦開始交往，主導權完全掌握在帝旺星手中。這是因爲不喜歡被領導，而喜歡領導別人的緣故。約會也是由帝旺星主控，可能送對方禮物或小東西。如果男性無法接受這種情形，恐怕這就是妳失戀的主因。

不過，雖然失戀，卻不會沮喪，這正是此星頑強性格的表現。即使失戀，也會在內心深處烙下美麗的記憶，這次的經驗可爲下次戀愛的借鏡。最後，終能找到那個適合妳的男人，過著幸福的婚姻生活。

帝旺星是擁有美麗戀愛的典型。

美姬星〈衰〉

拘謹、羞怯，非常重視道德觀念。對自己的評價很低，幾乎沒有任何的自我主張，看起來是老實、溫馴的小姐。與生俱有高貴的氣質，所以，雖然生性拘謹，卻也能散發光彩，讓人不得不正視妳的存在。

對於事務，以謙虛、認眞的態度不斷努力著，易博得他人的好感，使人信賴。但是，過於小心謹愼，可能喪失大機會，也可能使努力的心血沒有辦法開花結果。在這點上，戀愛也會受到不良影響，如果經常退怯而不敢前進，恐怕會使戀愛機會自指縫溜走。

不論是外貌或內在，都很受男性喜愛，但當男性接近妳時，卻覺得妳彷若孤芳自賞的空谷幽蘭。可能還沒接觸，就先放棄了。

這可以說是美姬星戀愛的宿命。

不懂得愛情表現，也不會勉強自己主動接觸對方，所以，單相思的時間較長。看到這樣的妳，朋友可能會經常扮演愛神的角色，藉此而使戀愛有所進展的情形較多。

總之，在戀愛上是被動的人。但是，這種表現反而會吸引男性的注意，結果就能擁有美好的婚姻。尤其在二十五歲以後，是絕佳的機會。這時遇到的男性，妳要好好地注意他了。

如果喜歡對方，不論談戀愛或結婚，妳都擁有如意的運勢，因此，要對自己有信心，把握住談戀愛的機會。

結婚以後，會盡力照顧丈夫與子女，是賢妻良母型的人。也贊成和父母同住，建立溫馨的家庭，對於婚姻的看法，非常的傳統，丈夫也能安心的把家庭交給妳照顧。妳會發揮賢內助的本能，充分幫助丈夫出人頭地。

浪漫星〈病〉

浪漫、喜歡作夢，把人生想得非常美好。感受性敏銳，具有純眞的心，最討厭骯髒的成人世界。害怕傷害他人，不願意欺騙別人，寧可自己受苦。但因太過純眞，對於夢和現實沒有辦法區別，經常會縮在自己的殼中，這是妳的缺點。沒有辦法求取夢想與現實的平衡點，一味地追求不可能實現的夢想，與現實之間就會形成一道大鴻溝，因而使妳痛苦。

如此浪漫的妳，在戀愛方面是具有良好運勢的人。如處女般純眞的妳，能夠給予男性安定感，「結婚的話，應該會建立溫暖的家庭」。

個性溫馴，喜歡照顧人，因此，無法忽視來自男性的好意，就算不喜歡對方，也會開始交往。雖然不斷努力不想拂逆對方的好意，但是，最後還是會以矯揉造作的方式甩掉對方。這種情形再演變下去，可能對方會受到傷害，進而形成糾紛。所以，對於不喜歡的人提出的邀請，一定要斷然拒絕，不可誤導對方。以眞正的本意而言，這不算是傷害他人。

擁有男性運的妳，戀愛時會變得非常有魅力。即使失戀，也深深陶醉於美麗的回憶中，因此，絕對不會怨恨分手的男性。在內心深處，一直保留著戀愛時美麗的回憶。

如此浪慢的妳，就算有了男朋友，也會持續追求理想的戀愛，因爲妳深信一定會和白馬王子陷入浪漫的戀情中。所以，經常會錯失結婚的機會。

能夠支撐這麼浪漫得不可救藥的妳的，只有年齡較長、經驗豐富的成熟男性。

春蘭星〈死〉

具有如春蘭花一般的淳樸特質，不會裝飾自己。非常安靜，但內心中卻燃燒熱情如火，遇到喜歡的東西時，會認眞地努力追求。因此，有時也會表現出彆扭的一面。一旦鬧彆扭，即使明知對自己不利，也不肯改變。不懂得說奉承的話，不擅與人交往，但是，淳樸的個性卻受衆人歡迎。

這種認眞的春蘭星，戀愛觀基本上並不是保守的。希望雙方能互相了解，在自然的情形下更進一步地交往。

一旦談起戀愛，可能會違反自己的理想，變得身不由己。內心雖然憧憬浪漫的戀愛，但因心態不成熟，所以沒有辦法巧妙地表達自己的愛情。例如，情人突然親吻妳時，雖然內心非常高興，卻會脫口而出「討厭！」甚至自己也因此而覺得厭煩，變得鬱鬱寡歡。

做事很認眞。不管負責什麼事情，都會做得很好。由於性格追求完美，因此，周圍的男性經常會被妳壓倒。參加社團活動，透過興趣一致能交到男朋友，但一直無法找到戀愛的對象，原因便在於此。

隨著年齡增長，逐漸脫離單相思的痛苦，也能享受戀愛的樂趣，所以，不用感到煩惱。春蘭星女性透過在社團活動中認識的男性，找到了解自己的個性的人，與他結婚是最好的。首先，以朋友的心態很有耐心地交往下去，將妳的優點慢慢展露出來，自然就能使戀愛萌芽。

寶珠星〈墓〉

服務精神旺盛，天性待人親切，具有爽快的性格，受人歡迎。所以，在妳周圍經常會聚集著許多人，妳是宛如偶像般的存在。

但是，這只是一部分的妳而已。其實內心非常任性，對他人的好惡也很劇烈，具有強烈的性格，很怕生。

爲了彌補這種缺點，故意表現出大而化之的態度，巧妙地與他人交往。

金錢感良好，具有蓄財的才能。因此，一切事務都以金錢來判斷價值，沒有錢就會覺得不安。頭腦靈活，因此，絕對不會讓自己的錢蒙受損失。

是具有這種金錢感覺的人，因此，在戀人的選擇上也非常愼重。喜歡經濟能力佳、著名牌服飾的男性，不注重內在，反而注重外表，而且非常驕傲，約會不愛去便宜的路邊攤，一定要上高級飯店或西餐廳。車子若非BMW或保時捷，就不滿意。

在戀愛時，也希望利用金錢得到快樂。會仔細觀察交往的男性，決定對方是不是適合的對象，絕對不會接近經濟力貧乏的男性。

原本具有任性性格的寶珠星，男朋友很多，但是一談戀愛，卻會顯出猶豫不決的態度，金錢感覺會成爲阻礙，認爲任何男性都不符合理想，很難固定與誰談戀愛。

當注意到理想的男性時，會衷心爲對方竭盡忠誠，無意識當中會表現出可親可愛的一面。能使戀愛迅速發展。

在婚姻方面，可能剛過了適婚年齡時，會和年紀較小或年長的男性結婚。精神強硬，懂得引導女性的男性，就適合寶珠星。

結婚以後較爲節儉，不會再像以前那樣子揮霍金錢。會運用積極的經濟觀念，會計算家計，成爲賢妻良母。

文殊星〈絕〉

純眞爽朗，待人親切，在現代社會，已是罕見的率直的人。不知道懷疑他人，隨時都以純眞之心待人接物，因此，有時會上當受騙，但絕對不會怨恨別人。

此外，頭腦聰明，在十二星中有先見之明。非常懂得洞燭機先，並計畫人生，但是，不會付諸實行卻是最大的缺點。

再者，由於太有先見之明，通常不管開始時做了什麼，都沒辦法持續到最後，不具這種堅強的意志。

這樣的文殊星，在戀愛方面也是非常坦率。只會注意到男性的純眞或他的優點，可能一次喜歡好幾位男士，沒有辦法把目標放在特定的男性身上。而且，對於對方所說的話深信不疑，因此，禁不住對方的誘惑，再加上意志薄弱，很容易讓對方有機可乘，在異性關係上眞是太散漫了。

待人親切，無法做出決斷的性格會帶來災禍，所以，不願意的時候就要斷然地拒絕，必須強烈地表達自己的意思。

一生中有很多戀愛機會，也會交很多男朋友，由於性格純眞率直可愛，頭腦又聰明，因此，深受男性喜愛。但是，沒辦法只和一位男士談戀愛的妳，很可能因此而斷送戀愛的機會。太過於了解戀愛的發展，可能因此採取消極的態度，但是，當戀愛機會來臨時，要很有耐性地觀察男性，這點非常重要。

只要耐心等待，相信一定會有適合你的男性出現。

只要能夠固定交往的對象，戀愛就會順利發展，可能閃電結婚也說不定。

結婚以後，會是爽朗持家的妻子。能夠建立溫馨的家庭，讓丈夫安心。

黎明星〈胎〉

理想主義者，強調完美主義，任何小事，如果不做到完美的話，就不會滿意，絕對不會馬虎、草率行事，上進心極強，爲了實現自己的理想，會做所有努力。而且，不會想到自己好就夠了，更想求取衆人的平衡。

但是，由於太過於追求完美，無法跨越現實與理想之鴻溝，深受其苦，還會累積壓力。如果不能巧妙地發散壓力的話，可能會導致酒精依存症。

不只性格上是完美主義，連談戀愛也要求完美。當然，如果對方不能符合自己的要求，就會感到不滿意。心裡想著：如果再溫柔一點就好了，如果再長高一些就好了……會嚴厲地審視戀人的條件，希望符合自己的理想。

到了最後，就算是深愛妳的戀人，也會因爲受不了妳的吹毛求疵而告離去。如果想要持續順利地交往，就必須好好地釐淸自己的理想和現實的對象，雙方之間隔著一段距離來考驗觀察彼此，這是很重要的。

由於一心追求完美，因此，使得異性不敢靠近妳。有時也會鬧彆扭，會因對方的漫不經心而生氣，因而兩人惡言相向。

很多異性會因妳的言語而受傷，漸漸就會對妳敬而遠之，所以，眞正能主動來邀妳的男性，一定對自己相當有信心。

對於婚姻的考慮非常的實際，希望兩人攜手共邁幸福前程。黎明星如果有能夠協助共同的理想實現的對手出現的話，兩人結婚必定能得到幸福。此外，能夠聽妳發牢騷，給予妳適切建議的男性，就是更想理的伴侶了。

天眞星

〈養〉

愛撒嬌，永遠不失少女天眞之心。遇到困難時立刻便想依賴他人，當然，都以可愛的姿態求助對方，所以，具有能夠讓周圍的人主動伸出援手的性格特質。

因爲有這種習慣，所以，當對方不理會自己的要求時，就會變得很不高興。嚴以待人、寬以待己這種自我、任性的一面，也會表現出來。

如果是一般人，這麼做也許會招致周圍的人的反感，但是，天眞星的人無此困擾，周圍的人會認爲如果放任不管，擔心妳可能出問題，最後，還是會主動幫助妳。而妳也非常懂得如何向他人撒嬌。

戀愛相當的華美，一生中會與多位異性交往。因爲依賴心強，很憧憬與年長的男性談戀愛。基本上，是很得人緣的人，因此，會發揮父性愛，像大男人一樣具有包容性的男士，會來追求妳。

而妳本身也很欣賞這種具包容力的男性，所以，在選擇情人上，絕對不會覺得不自由。結果，就能遇到理想的戀人，擁有美麗的戀愛。

開始交往以後，戀人非常疼愛妳，經常會買一些昂貴的禮物送妳，或是帶妳上高級西餐廳用餐，對妳百般嬌寵。

與其說是戀人，還不如說你們交往的和睦氣氛更像是一對兄妹。但是，必須注意妳的任性可能是造成口角，甚或分手的主因。

不高興時，動不動就像小孩子一樣耍賴的妳，即使是對妳很好的情人，日久也會覺得疲憊。有時也要表現成熟的一面，多爲他想想。

結婚以後仍具有少女般的氣質，能夠成爲可愛的妻子，但當丈夫晚歸後，就會鬧彆扭。缺點是不太會做家事，可能因此而和丈夫發生爭執，但是，仍可過著擁有豐富物質的生活。

占十干

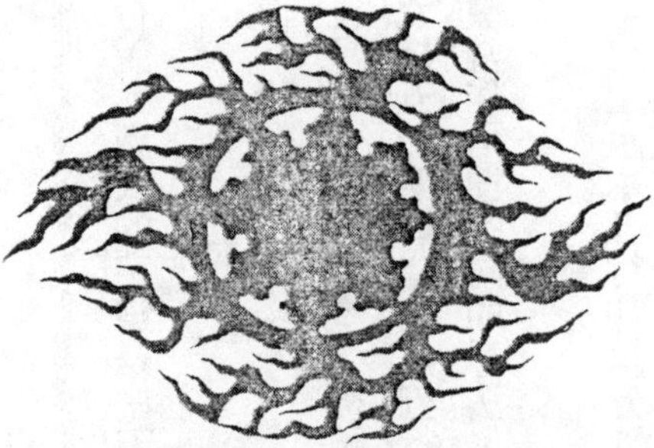

由陰陽五行了解你的運勢

第5章

由陰陽五行了解你的運勢——占十干

占十干源自中國自古相傳的陰陽五行說。廣大的宇宙是由天與地所形成的，此外，一如晝夜之分別，時間也是對立成立的。

而這些對立的兩方面，就分別被視作「陰」與「陽」。

在當時，肉眼可見的木星、火星、土星、金星、水星，被視作對人類的生活有很大的影響，而產生宇宙的一切都是由木火土金水這五元素成立的〈五行〉之說。

換言之，陰陽說和五行說在一開始被當作兩種不同的想法，而木火土金水各自擁有陰與陽的形態，最後就產生了陰陽五行說。

十干就是將陰陽五行說的中心——木火土金水五行加以分陰陽整理而成的。

	木	火	土	金	水
陽	甲	丙	戊	庚	壬
陰	乙	丁	己	辛	癸

木火土金水各元素具有特有的特徵。此外，又可分別再分陰與陽，因此，區分爲十種性格。

占十干就是將這十種性格應用在人類的身上來分析各人的性格。

那麼，應該怎麼進行占卜呢？方法非常簡單。先看表，找出妳出生年的十干。

不過，十干必須注意到一年的交界，也就是立春這一天。所以，在立春之前出生的人（如二月一日生、二月十五日生等），必須找前一年的十干。

也就是說，從立春這一天開始，是新的一年的開始。以這樣的方法來計算，使用十干，以調查妳的運勢。

●十干速見表

生　年	十干	生　年	十干	生　年	十干
西元1970年	庚	西元1948年	戊	西元1926年	丙
71年	辛	49年	己	27年	丁
72年	壬	50年	庚	28年	戊
73年	癸	51年	辛	29年	己
74年	甲	52年	壬	30年	庚
75年	乙	53年	癸	31年	辛
76年	丙	54年	甲	32年	壬
77年	丁	55年	乙	33年	癸
78年	戊	56年	丙	34年	甲
79年	己	57年	丁	35年	乙
80年	庚	58年	戊	36年	丙
81年	辛	59年	己	37年	丁
82年	壬	60年	庚	38年	戊
83年	癸	61年	辛	39年	己
84年	甲	62年	壬	40年	庚
85年	乙	63年	癸	41年	辛
86年	丙	64年	甲	42年	壬
87年	丁	65年	乙	43年	癸
88年	戊	66年	丙	44年	甲
89年	己	67年	丁	45年	乙
90年	庚	68年	戊	46年	丙
91年	辛	69年	己	47年	丁

甲

甲年出生的運勢

甲是「陽木」。亦即性格上具備有木的特徵，同時又具有陽（正面）的特性，因此，力量極強。

木，牢牢地紮根於大地，不斷向上伸展，而因爲甲爲陽，所以更能夠強而有力地伸展。如果以樹木來比喻的話，可說是足堪當作建築用材的參天巨木。

甲年出生的人，兼具了木的特徵——仁德、柔和，同時也是以天爲目標，不斷向上發展，具有強烈運勢的人。

當然，有時也會變得倔強，這是缺點。但是，具有很不錯的智慧，沉默寡言，大都是頭腦聰明的人。

乙

乙年出生的運勢

雖然同樣具有木的特性，但甲爲「陽」，乙則爲「陰」。在乙的身上更能表現出樹木的穩定、溫和。

以性格來考量的話，甲好比穩穩紮根於地上的樹木，而乙則是陪伴在大樹旁邊的小樹。

也就是說，甲會筆直地向上爬升，乙則會彎曲著枝幹不斷地延伸。在性格上也會有同樣的特徵出現。

乙的性格是溫馴、沒有自我主張。不管發生什麼問題，不會勉強解決，會先冷靜地觀察事物，找出毫不勉強的解決方法。但是，有時太過於重視人和，會成爲唯唯諾諾者，顯得隨波逐流。

丙

丙年出生的運勢

丙是威力強大的「陽火」。熊熊地燃燒，具有熔化鐵的巨熱。

丙年出生者，充滿了熱情，意氣風發，追求權威和名聲，會傾注熱情追求自己的目標。

除了光明正大之外，相反的，沒有辦法包容任何事物。非常愛熱鬧，喜歡說話，會吐露自己的眞心。

此外，也具有如火般的性格，會霎時燃燒，很快地消失。

同時，相信自己「非常的幸運」，所以，也許可能會成爲一個偸懶者。因爲不會踏實地努力，而只是傾注熱情於某件事物上。一待熱情冷卻，通常就不了了之。

丁

丁年出生的運勢

同樣是火，但丙如當空的烈陽，丁則似夜空燦爛的星星。或者說「陽火」如熔礦爐裡熊熊燃燒的烈火，而「陰火」就像祭壇柔和的燭火一般。

以性格來占卜的話，是屬於熱情內斂型。頭腦靈活，富進取心，有時會表現狡猾的一面。

但是，有時內心的激動與表面的穩重產生鴻溝，無法壓抑。

如果別人對妳的批評一直固定在「穩重的人」這評語上，覺得自己好像那兒演戲似的，也許突然有一天，妳會想要表現出內心深處所隱藏的眞正的自我。

戊

戊年出生的運勢

戊是陽土，是屬於成爲母性大地之土。也可以說是鞏固大河的堤防之土。或者，也可視作馬車所行走道路上的乾涸之土。支撐大樹或密林、阻擋濤濤激流、保護人或馬的通行，能夠發揮這些作用。

戊年出生者，遵守義理、注重節操，具有大將之風。

相反的，太過於拘泥在外觀上的陽性土表現，有時會掩飾自我，可是，內心可能非常的粗野而欠缺考慮。

也就是說，表面上會維持好的泥土度，但是內側還是原本不良的土質。

己

己年出生的運勢

己這個字與紀有關，意謂著解開絲線的束縛。也意謂著起，表示從繁茂的枝葉中嶄露頭角的意思。

己為陰土。是指被森林所覆蓋的地面，或者是被田間的農作物遮蓋、看不見的地面。或是指能孕育植物的泥土，是柔軟的土壤。

己年出生者，具有如老實農夫般的淳樸個性，擁有穩重的人品。但是，因為是被隱藏的土，所以視野狹窄，經常都是躲在暗處。如果想要強出頭的話，可能會「惹人嫌」。

庚

庚年出生的運勢

庚是陽金。指埋藏在地中，含有豐富金屬的礦石。因此，庚年出生者也具有這種如礦物般剛直的性格。此外，燒鐵經過鍛鍊後也能成爲銳利的刀刃，這也是庚年出生者的性格特質。不過，就好像刮鬍一樣，雖然鋒利，卻嫌稍薄。

可能因爲這個緣故，庚年出生者看起來有點小家子氣，但是，不可思議的是經常得到來自社會超乎實力以上的評價。

而且，自己也熟知本身的缺點，會配合衆人的評價而努力，所以，不會在實像與虛像之間出現難以跨越的鴻溝。

也許庚年出生者，在無意識當中就認識自己具有如刀刃般能夠鍛鍊的宿命吧！

辛

辛年出生的運勢

辛是陰金。也就是說，辛比庚在金的磨練更爲強烈。庚是鐵礦石等礦石，辛則是精製、磨練後的貴金屬、寶石等，表示有人工加工的狀態。也就是說，與鐵礦石相比，質地較柔軟，同樣具有提倡正義、公理的性格，但是，辛予人的感覺卻是穩重瀟灑的。嚴格與穩定兩種對立的要素隱藏在根柢的辛，本身就出現波瀾的徵兆。也暗示著破壞或改革。

辛年出生者，也可比喻爲沙金，外柔內剛，很懂得諷刺他人的技巧，因此，會有很多的毒舌家出現。

壬

壬年出生的運勢

壬爲陽水。以水來比喻的話，就是滔滔不絕的大河。在廣闊的世界，能藉助自己的才能與度量，自在地遊走。

具有巧妙處理人際關係的能力，在這點上，無出其右者。當然，在經營、外交等方面也是拿手絕活兒，一拍即合，表現出這種聰敏的反應，因此，對方在不知不覺當中就會配合妳的步調。

和水一樣，與任何人都可交往，就是壬年出生者的特徵。

癸

癸年出生的運勢

壬具有如大河的性格，癸則是陰水，好像小河或溝渠等細流。此外，也可視作池沼的濁水，或是藉附草木表面的露珠。也可以說，表面的水是壬，而癸則是在深底的水。

水的表面雖然清澈，但是在水底，由於光線無法穿透，因此，在內心深處也隱藏著神祕的性格。

穩重、順從，暗自不斷努力的人。但是，當努力不被接受時，以往的忍耐就算再怎麼多，也會令妳感到失望。

會考量對方的心情，努力配合、調和，具有服務精神的性格。

姓名判斷

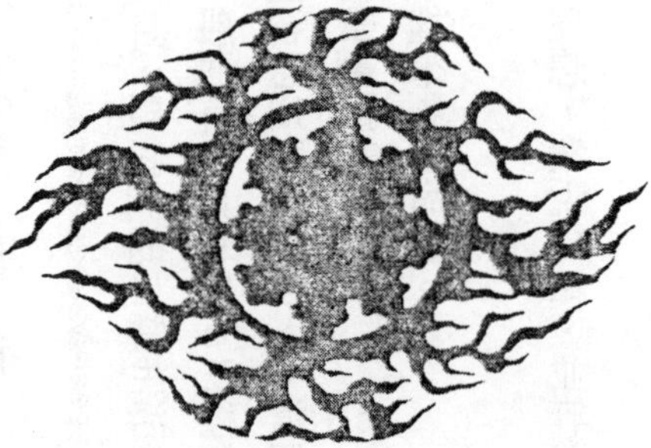

連運氣和性格都能看穿的神祕

第 6 章

連運氣和性格都能看穿的神祕——姓名判斷

姓名判斷在占卜中非常引人注意，而且，對我們的日常生活也有很大的影響。再者，沒有比姓名判斷方法更多樣化的占卜了，一般而言，具有以下三種傾向。

① 算好姓名的筆劃數，以數的命運含意為基礎來占卜。這個筆劃數有兩種，包括基於常用國字的筆劃數計算法和基於舊國字的筆劃數計算法。

② 重視姓名的音，利用音的抑揚頓挫來判斷命運。

③ 合併①②來進行判斷。

到底這些方法，何者正確，何種較為理想，衆說紛紜，並無定論。目前視為占術界的一大課題。

本書為各位介紹一般的姓名判斷方式，「姓名」和一個人的性格、運有很大的關係，這點在以前就已被肯定。

何謂姓名判斷

探索姓名命運的占卜，自有國字發明就已流行了。而姓名的判斷方法，目前有各種不同的流派產生，各以獨特的方法來判斷姓名。

☆以字的筆劃數爲主來判斷。
☆以字的排列來判斷吉凶。
☆由字的意義來觀察命運。
☆由姓名的音韻來探索命運的神祕。
☆將以上各項組合起來探索姓名的吉凶。

基本上，字的筆劃數的計算方法也各有不同。對一些部首的筆劃數計算方式，也有不同的講法，無法統一。

每個人都有其堅持的理由，在此將這些複雜的問題暫擱一旁，只列舉基本的筆劃數來進行判斷。

筆劃的算法，現在的常用國字已成爲社會大衆通用的文字，而新書寫體與舊書寫體相較，筆劃數減少，所以，不論新舊，只以一般常寫的國字來計算即可。

姓名的構成與格的意思

所謂姓名，是由姓和名組合而成的。就好像人體各器官發揮作用而組合成生命力一樣，姓名也能夠表現出臉型、姿態、心靈。

由姓名來分析宇宙萬物的天、地、人的事象變化，簡單地區分爲天格、人格、地格，藉著各種關係及其數理來判斷吉凶。

・例

	01	天格 9
林	8	人格 16
金	8	地格 13
生	5	
		總格 21

何謂天格

姓的合計筆劃數稱作天格，也叫作祖先運，是已經決定好的數理，沒得更改；再加上名字來決定命運。因此，天格的數理是命運上的要素，但並非姓名判斷的絕對條件。

何謂人格

姓與下方名字第一字筆劃數的總和，稱作人格。表現與生俱來的性格、感情、意志等內在的人魂。此外，也暗示一生的運勢，是最主要的部分。

何謂地格

名字合計筆劃數爲地格。表現孩提時代的運勢，可以看出來自父母的影響。

何謂總格

姓名筆劃合計總數叫做總格。由姓與名的關聯，到天格、人格、地格各吉凶在內的數理，都包括在內，與他格的作用也非常大，因此，在判斷上是重要的重點。

此外，也可以視爲是社會運，所以，中年以後要用這個總格來判斷。

左邊的例子供各位作爲參考，計算出各格的數字。

・一字姓一字名

	01	天格 17
陳	16	人格 24
金	8	地格 9
○	1	
		總格 24

・一字姓二字名

01		
	天格 11	
高 10		
	人格 15	
玉 5		
	地格 21	
樹 16		
	總格 31	

・二字姓一字名

01		
	天格 17	
諸 16		
	人格 29	
葛 13		
	地格 22	
亮 9		
	總格 38	

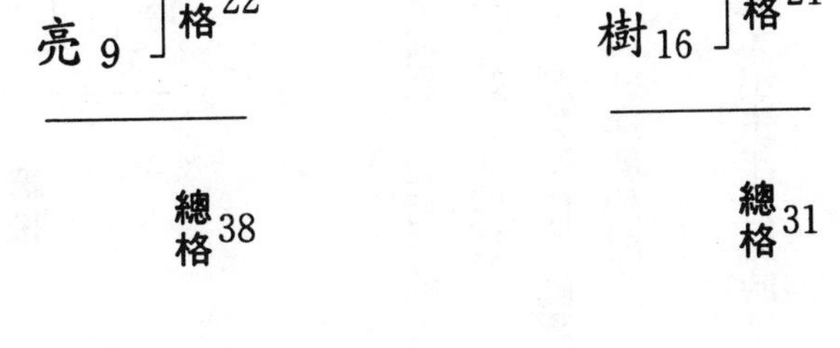

•二字姓二字名

官 8	天格 16	
林 8	人格 17	
美 8	地格 19	
玲 10		
	總格 35	

姓名不是記號

我們的姓名並不單只是記號而已，在自己的人生當中，表現自己的就是姓名，因此，當然希望擁有一個令自己滿意的理想姓名。但是，一般來說，這樣的姓名似乎很少見。

可是，各位也不要因爲姓名筆劃數不佳，就認爲自己一生不幸，脫離不了倒楣運。

如果你的姓名當中有任何一個好運勢的部分，要相信它的作用。只要相信它，就能夠開運。

即使擁有相同的吉運的姓名，出生年月日時不同的話，運勢自然也不同。就算姓名完全相同，如果不能多做努力發揮自己的運勢，當然也會與他人之間產生很大的差距。

人類擁有兩種運，一種是與生俱來的運。就是在出生的瞬間就已決定好的這個人的先天運，稱爲宿命。這是用自己的力量也沒辦法改變的運。

另外一種就是命運。這就好像從出生到死亡，自己的履歷表一樣。這是可以靠自己的努力改寫的後天運。

命運可以解釋成「運轉自己的命」，也就是說藉著自己的努力，任何不幸都能夠克服。

這才是人類生存的價值所在。

不喜歡自己的名字的人，在地格的部分可以挑選使之成爲吉數的同音異字，或者是使用具有幸運數的外號或別名，也能掌握開運的關鍵。

想要擁有好的名字，必須要有一些條件，列舉如下供各

位參考。

*一目了然就可以區別男女的姓名。

*容易寫、容易稱呼的姓名。

*將重點置於地格，其次是人格、總絡與吉數。

*考慮姓與名的調和。

筆劃的吉凶

1劃●祖先恩惠極深，具有繼承運的大吉數。

2劃●表示事物分離的數，不論在健康、職業或婚姻上，都是不祥的凶數。

3劃●剛健、具有財運，成大業的大吉數。女性會成爲良妻，而且也有很好的小孩運。

4劃●波瀾較多，持續困難、辛苦的凶運數。男性及女性在健康、精神各方面都要注意，必須努力地著實訂定未來的計畫。

5劃●與生俱來就有良好人品的大吉數。性格認眞，男女都擁有家庭運。

6劃●子孫繁榮的吉數。也擁有物質運，爲堅實的努力家。女性的地格數爲此，是會嫁到較遠的地

方。

7劃●過於倔強，可能會導致意見的對立或失敗，凡事必須以和爲貴，才能夠獲得成功。爲吉運數。

8劃●雖然辛苦，卻能夠開闢光明的道路。但是，想要在賭博或投資上獲得利益是不可能的。一定要一步一步踏實地前進，才能夠帶來幸運的吉運數。

9劃●地格數顯示孩提時代較不幸，可能有肉體的毛病、容易受傷、罹患疾病、欠缺親情。不過，只要總格、人格爲吉數，中年以後幸福就會到來。

10劃●吉凶受到影響的數。大部分的人很早就會離開故鄉，相當的活躍，但是，會有很多疾病、傷害和煩惱。

11劃●具有努力運，能夠興家、具有繼承運的吉運數。就算是次男、三男，也能夠繼承家業。女性的性格好，能夠幫助丈夫，活躍於家業。

12劃●職業、住所都不穩定，非常的辛苦。雖然是努力的人，但報酬較低，中途容易遭遇挫折的凶運數。

13劃●爽快的活動家。可以期待成果陸續出現的大吉運數。

14劃●幸福不可能長久持續下去。會有很多煩惱的凶運數。與父母的緣份較爲淡薄，孤獨的命格，欠缺自主性，不能夠展現積極的活動。

15劃●爲受惠之人。與生俱來個性溫厚，能夠得到衆人的提攜，爲大吉運數。

16劃●靠自己的力量獨立，最後能夠成爲社會的主流，

配合氣力與精神力展現行動，爲吉運數。

17劃●爽朗的性格。精神和肉體都非常充實，擁有氣力，在事業上也是吉運數。女性的人格、地格爲照顧他人的典型的妻子。

18劃●信念極強、精神極佳、感情豐富，是努力家。最後能夠達成願望。不過，因人而異，有人具有倔強的一面，或有如孩童般天眞無邪的一面。

19劃●不管做什麼都會遇到很多困難的凶運數。不要考慮做大事，要具備堅定的心，小心謹愼地展開行動。

20劃●人生浮沈非常的劇烈，凡事不順暢的凶運數。缺乏活力和氣魄，同時也不可能有快樂的家庭生活。

21劃●擁有優秀精神和想法的人，在社會上能夠獲得發

展，擁有大成功的大吉運。尤其大都是長男，具有很好的繼承運。

22劃●原本就意謂著離別的不好的凶運數。人生多波折，但是，也有人發揮強烈的忍耐力而獲得成功。

23劃●有希望的大吉運數。不論男女，都有財產運，健康、長壽、繁榮的良好運勢。

24劃●擁有地位和財運的大吉運數。具深厚人情味，思慮謹慎的行動家，善於交際。

25劃●任何事情都具有獨立完成的勇氣和行動力，爲開拓精神旺盛的吉運數。不適合共同事業，適合自己獨立、具有創造性的職業。

26劃●就好像汪洋中的一艘小船，救援者較少，爲孤獨的凶運數。家庭生活不穩定，容易陷入無氣力

的狀態，或是相反的，具有不顧一切，直衝向前的性格。

27劃●意志堅強、倔強，一旦決定的事情，不會計較得失，而會全力以赴的性格。名譽運比財產運更強的吉運數。

28劃●波瀾較多，與父母的緣份較薄，尤其夫妻分居、離婚、再婚的可能性極大的凶運數。

29劃●頭腦聰明、活力旺盛，具有深厚的人緣，在公司是受人信賴的大吉運數。不論在居所、職業、財產運、健康等各方面，都有很大的運氣，家庭運也不錯。

30劃●具有吉凶兩種傾向的數。這個數出現在總格較多，不過，若人格、地格爲吉運的話，則晚年會成爲大吉運數。

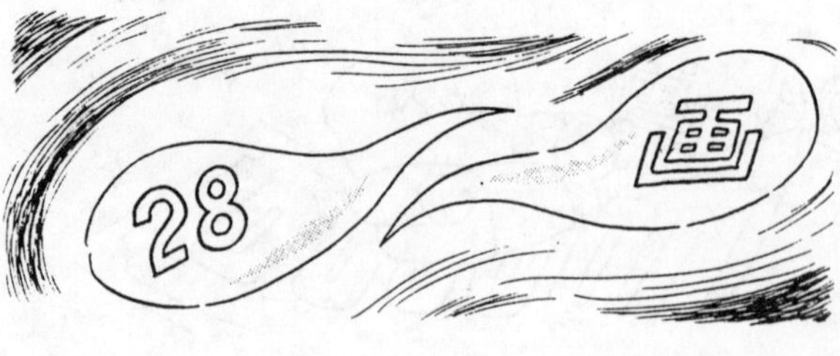

31劃●爲凌駕於他人之上的數，具有獨立心，努力就能夠得到發展、成功的大吉運數。女性的總格若爲此數，則會成爲一家最主要的重心，大都和丈夫一樣非常活躍。

32劃●在某一段時期覺得凶運持續出現，但是，可能意外的獲得幸福，吉凶會重複出現，浮沉較多的數。無論在居住或職業上，缺乏穩定性，經常跳槽、出差。

33劃●具有地位、名譽及財運，會承受來自祖先恩惠的大吉數。不過，若爲女性有此數，則這種強大的力量會成爲負擔，不能夠說一切都可以獲得幸福。必須多加注意，以免晚年過孤獨的生活。

34劃●性格倔強，在行動上經常會表現出草率的一面，

職業、居住都不穩定的凶運數。注意判斷與方針不要有錯誤。

35劃●富有社交性，性格溫和，因而受到衆人的提攜，爲吉運數。具有豐富的藝術性，加以運用的話能夠獲得成功。

36劃●具有人情味的性格，但是對事物分不出好壞，只會往前衝爲其缺點。會走向波濤起伏的人生路的凶運數。

37劃●溫厚、意志力堅強。思慮謹慎，是認眞的人。能夠獲得社會信賴及成功的吉運術，能夠得到讚賞，過著安定的晚年。

38劃●具有指導的能力，是帶頭活躍者。同時，也是能夠得到地位、名譽、財產的吉運數。

39劃●有人望，深受世人的信賴，爲家業繁榮的大吉運

數。大都是健康、長壽的人。

40劃●深得他人的信賴，也很高興照顧他人。功成名就的吉運數。

41劃●思考力豐富的吉運數。獨立心強，有先見之明，擁有大業成就的運氣。

42劃●可說是才幹匱乏。意志力薄弱，中年以後，可能耽溺於酒精和賭博之中，或做出不道德的行爲。所以要小心謹慎，盡量自重，爲凶運數。

43劃●一生波瀾較多，是容易陷入糾紛的凶運數。大都是頭腦聰敏的人，但因太獨斷獨行，自我主張過強，欠缺與他人的協調性。

44劃●到晚年時運勢會逐漸減弱。從年輕時候開始，就必須要好好地做生涯規劃。

45劃●性格溫厚、頭腦聰明，得到世人信賴的大吉運

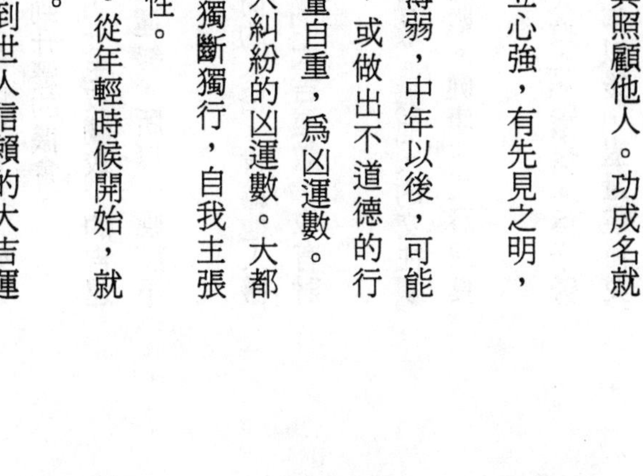

數。能夠著實走向自己的人生的堅實型。如果是上班族的話，也能夠得到升遷的機會。

46劃●大都是溫和的和平主義者，一生波瀾較少的吉運數。因爲沒有大事業家的運勢，所以，應該早些找到一份踏實的工作。

47劃●家庭圓滿的代表數。有高尙的人格，肯爲他人犧牲奉獻，會得到衆人仰慕的大吉運數。也有財運。

48劃●誠實的人品，受到衆人的尊敬。與他人的交往順利，注重調和氣氛的吉運數。健康、長壽並具有財運。

49劃●缺乏物質運，容易發生令人擔心的事情。爲辛勞與煩惱較多的凶運數。中年以後，盡量避免災禍和糾紛。

50劃●雖爲努力的人，但不善於與人交往。可能因爲一點小事而與人爭吵，或遭遇到意想不到的災難，必須注意。

51劃●誠實，很會照顧人，一代就能擁有財產，是良好的吉運數。共同事業能夠藉著找到好夥伴而獲得成功。

52劃●財運豐富的吉運數。在專門範圍能夠獲得相當大的成功與發展。

53劃●隨著年齡的增長，幸福會不斷增加的好吉運數。不過在晚年若衝動行事，也可能遭遇失敗。

54劃●很有人望，較會照顧他人。雖然辛苦，但是晚年卻很穩定，是吉運數。在工作上必須注意陷入私情的糾紛。

55劃●晚年運不佳，是無法動彈的凶運數。中年以後，

因足腰的疾病而痛苦的傾向極強，必須充分留意。

56劃●剛開始時發展順利，但最後容易招致失敗的凶運數。要好好把握潮流，謹慎行動。

57劃●正如俗諺「欲速則不達」之意，通常事情操之過急容易招致失敗。毫不勉強地等待機會，才會成爲吉運數。

58劃●具有藝術、文藝方面的才能，在這方面發揮能力，就能夠獲得相當大的成功，爲吉運數。

59劃●消極、欠缺社交性的凶運數。在小規模的家族營業上必須注意人際關係的和諧。

60劃●家庭失和、疾病、傷害和許多煩惱會出現的凶運數。

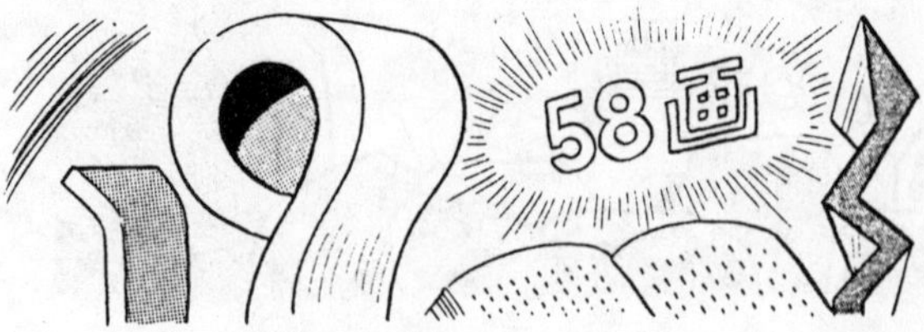

印相術

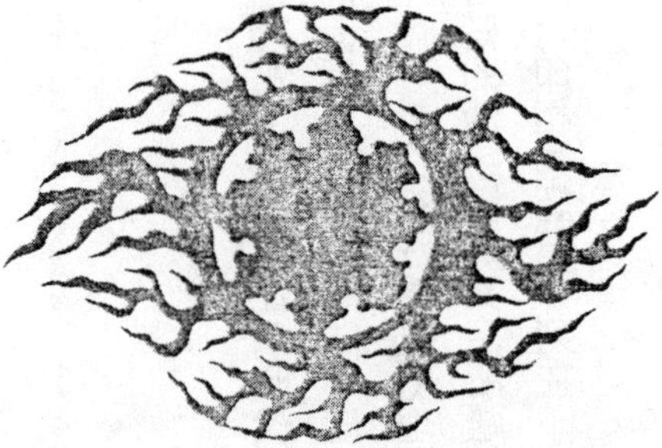

印鑑可以了解你的明天

第 7 章

印鑑可以了解你的明天——印相術

印相術源自江戶時代

「使用印鑑占卜一個人的運勢」這種占卜法，在江戶時代末期開始普及。由於大阪和東京商業上的交流非常活絡，隨著支票的流行，對印鑑的關心度也加深了。

一般所謂「印相」的迷信，其根本就在於仔細注意到處理印鑑的方式，藉此對商人做出一種判斷。「印相占卜」認爲容易看清楚的活字體的文字所雕刻的印章，或是印章四角空白的文字排列的方式，是凶相的印章。所以印相學認爲「刻在印章上的字一定要難以判斷」或「四角絕對不能夠空白」是重點。

另外一個原因就是江戶時代末期僞造印章相當流行，因此，爲了預防這種事情發生，而盡量去做難以僞造的印章。

此外，印相學認爲印章上有瑕疵，或是帶有能夠表明印章上下位置的點的，都是「不好的印鑑」。這也是告訴衆人「要好好保存印鑑」。不懂得好好保管印鑑的商人，表示他在其他生活態度上也是相當散漫，這也是警戒衆人注意生活態度的一種暗示的方法。

此外，還有一種觀念認爲印鑑的上下沒有弄反，正確無誤地雕刻出來的印章，是不吉的印鑑，這是爲什麼呢？因爲在文件上蓋章的時候，如果一眼就看出正反，會使人掉以輕心，必須要用自己的眼睛小心地確認印鑑的上下位置再蓋章，要以這種謹慎的心態來處理文件。

由此可知，印相學與其說是運勢學，還不如說是適用於現代生活的教誨。

如果說對印鑑小心呵護是成爲一個成功的生意人的必要條件之一，這種說法也不是言過其實。對印鑑的處理，或文件上的章多加處理，在面臨較多危險的人生中，可能便是一樣致勝的武器。

印相的檢查重點

■財運不佳的實印

①姓採用實印方式雕刻，則事情不能順利發展，家運停滯，也容易招致失敗。

②變化的書寫體、草書等字體，使你沒有物質之惠，財運較弱。

③採斜向雕刻的手法雕刻姓，雖然有實力，可能無法得到報酬。

是不適合在商業上使用的印。

■只注重外觀的印

大型的印材有瑕疵或裂痕出現，或者是在其上雕刻花紋的印鑑，相信很多人都具有這種虛有其表的印，容易讓人產生自大的印象。並不是好印。

■容易借錢的印

水晶的方印，容易招致家庭失和、事業失敗等惡運。如果是女性，可能發生桃色糾紛。

■印材的裂痕、瑕疵為凶

印材有裂痕或瑕疵，代表容易招致失敗。可能身邊會發生災難，或是有害健康。大型長條瑕疵可能會招致大損失或生大病。據說，如果長條裂痕自上貫通到下，則會失去繼承人。

■容易遭逢意外的印

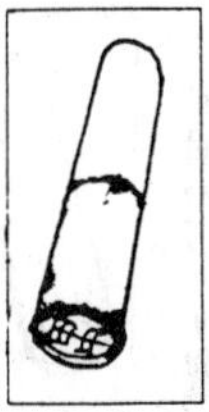

連接的印，或是在印材的握材的前端拴上象牙的印，容易帶來意想不到的災難或阻礙。

在工作上也會產生迷惘，生病時間會拖長，是不好的印。

■夫妻失和的印

丈夫的印爲圓型、妻子的印爲方型，會因爲小事而發生口角，心意無法互通。或者是妻子沒有印，則可能會一直持續以丈夫爲主的生活，在遇到萬一時，妻子可能因沒有金錢而感到痛苦。

■容易承受壓力的印

印頭的部分遭到破壞，或是因爲裂痕而穿孔的印，持有者大都會承受壓力。

■意想不到的災難持續降臨的印

印的下側空白一大片，或是有缺角，表示沒有家庭運、事業運，在家內容易引起糾紛，工作上也是很辛苦，而且沒有辦法得到部屬的幫忙。

由蓋章的方式了解你的狀況

自昔日便認爲印鑑型式不良，可能本人或家人會有麻煩，或表示身體狀況不佳。

在這點上，西洋也有類似的想法，就是所謂的「筆跡占卜」。爲各位介紹印相與筆跡占卜混合的方法。

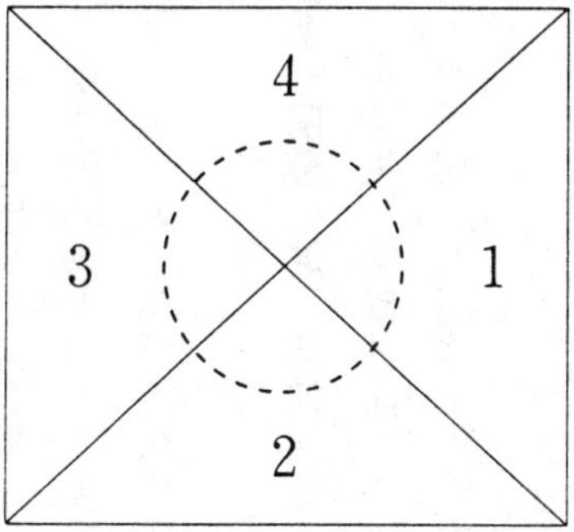

首先，取出你的印鑑，將它蓋在這個圖形中央，畫上圓形的空白部分。藉由蓋印的方法便能知道一天的運氣及目前的狀況。

輕沾印泥，蓋上印章，確認「印形」。看看印泥是否較淡、是否消失了，印章有沒有缺角的地方，然後再看看這些缺點是出現在上面方格子的哪一個號碼位置。蓋章可能因這一天的狀況而改變，也可能因印鑑的磨損而改變。

如果是新的印鑑，應該是整體非常清晰，沒有不均勻現象。

■①的部分出現不均勻現象

現在你非常內向，太多慮了。對事情感到迷惘，在那兒猶豫不決地思考著，結果什麼事都不能做。人際關係的糾紛或工作的煩惱較多。

■②的部分出現不均勻現象

會產生不同於其他人的構想，而且研究、學習的關心度增加。不能夠滿足於平凡的事物，所以知識慾極強。對於學習外語或閱讀都會感興趣。

■③的部分出現不均勻現象

對於新事物感興趣，追求變化。教你一直待在家裡，你會非常焦躁。喜歡熱鬧的氣氛，想和很多人談天，開個舞會吃吃喝喝、瘋狂一下，也能使壓力消除，而且，你是個樂天派，不拘泥小節。

■④的部分出現不均勻現象

體力充沛，但很容易勉強行事。對於健康太過自信，反而會勉強自己去從事很多事情。沒有辦法待在那兒好好想清楚再展開行動，所以，有可能遺忘細節。此外，也易因一些小事而和別人爭吵，讓自己生悶氣。最適合參加運動，或馳騁於高山高原。

■兩個以上位置出現不均匀現象

精神不穩定，沒有辦法做出冷靜判斷的時期。大都是睡眠不足。對於重要文件的處理或金錢的計算，要比平常更爲小心注意。

■沒有不均匀現象

處於非常穩定的狀況，自己的想法能夠源源本本地展現出來。也能夠牢牢地掌握住他人的心意。只要努力，就能夠產生很大的效果。

工作與印鑑的神奇關係

一般的商業活動，經常會用到印鑑。不管哪一家公司，每天都要蓋印鑑。尤其是使用於票據或支票的印鑑，和一個人的姓名同樣具有重要的意義。

利用印鑑就能表現出一個人姓名的特徵，個人使用的印鑑，也會訴說這個人的命運與性格。爲各位介紹利用印鑑看穿危險人物或阻止經營上麻煩的重點。

各種危險印鑑

■①歪曲、印泥較淡的印

有時候我們會發現蓋得歪歪曲曲的印鑑。一般而言，會朝左歪曲，如果蓋在票據或支票上的代表者印鑑歪歪曲曲或印泥較淡的話，大都是支付金錢的意願較低。這時，大都會重新蓋一次，或另取新紙張用印。若是一流公司的經理或銀行職員，幾乎不會出現這種不注意的行爲。

■②蓋上簡單印章的票據、支票

在路邊刻印攤隨便刻的印章，蓋在支票、票據上時，收到的一方要特別留意。

因爲類似的印鑑非常多，容易出錯，而且很可能用來作爲詐欺的工具。

■③太大的印、太小的印

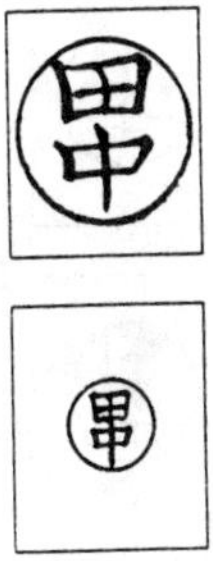

在名片或文件上使用太大的印鑑的人，雖是具有大指導能力的人，但不値得信賴。

相反的，使用過小的印的人，大都訴說著性無能或欠缺生活力。在表示權威或威嚴時，才會使用大型印章。

■④印章蓋得不均匀或沾上很多印泥的印

沒有辦法看清楚內容，或是沾上很多印泥的印，這些大都表示第二代經營者的失敗，或是亂開出一些無法兌現的支票，要格外注意。因爲蓋章時出現不均匀的印，就表示這個人的心理處於不穩定狀態。

•法律專欄連載•電腦編號 58

台大法學院 法律學系／策劃
法律服務社／編著

①別讓您的權利睡著了[1]	200元
②別讓您的權利睡著了[2]	200元

•秘傳占卜系列•電腦編號 14

①手相術	淺野八郎著	150元
②人相術	淺野八郎著	150元
③西洋占星術	淺野八郎著	150元
④中國神奇占卜	淺野八郎著	150元
⑤夢判斷	淺野八郎著	150元
⑥前世、來世占卜	淺野八郎著	150元
⑦法國式血型學	淺野八郎著	150元
⑧靈感、符咒學	淺野八郎著	150元

•趣味心理講座•電腦編號 15

①性格測驗１	探索男與女	淺野八郎著	140元
②性格測驗２	透視人心奧秘	淺野八郎著	140元
③性格測驗３	發現陌生的自己	淺野八郎著	140元
④性格測驗４	發現你的真面目	淺野八郎著	140元
⑤性格測驗５	讓你們吃驚	淺野八郎著	140元
⑥性格測驗６	洞穿心理盲點	淺野八郎著	140元
⑦性格測驗７	探索對方心理	淺野八郎著	140元
⑧性格測驗８	由吃認識自己	淺野八郎著	140元
⑨性格測驗９	戀愛知多少	淺野八郎著	140元
⑩性格測驗10	由裝扮瞭解人心	淺野八郎著	140元
⑪性格測驗11	敲開內心玄機	淺野八郎著	140元
⑫性格測驗12	透視你的未來	淺野八郎著	140元
⑬血型與你的一生		淺野八郎著	140元

⑭趣味推理遊戲	淺野八郎著	140元

・婦 幼 天 地・電腦編號16

①八萬人減肥成果	黃靜香譯	150元
②三分鐘減肥體操	楊鴻儒譯	130元
③窈窕淑女美髮秘訣	柯素娥譯	130元
④使妳更迷人	成　玉譯	130元
⑤女性的更年期	官舒妍編譯	130元
⑥胎內育兒法	李玉瓊編譯	120元
⑦早產兒袋鼠式護理	唐岱蘭譯	200元
⑧初次懷孕與生產	婦幼天地編譯組	180元
⑨初次育兒12個月	婦幼天地編譯組	180元
⑩斷乳食與幼兒食	婦幼天地編譯組	180元
⑪培養幼兒能力與性向	婦幼天地編譯組	180元
⑫培養幼兒創造力的玩具與遊戲	婦幼天地編譯組	180元
⑬幼兒的症狀與疾病	婦幼天地編譯組	180元
⑭腿部苗條健美法	婦幼天地編譯組	150元
⑮女性腰痛別忽視	婦幼天地編譯組	150元
⑯舒展身心體操術	李玉瓊編譯	130元
⑰三分鐘臉部體操	趙薇妮著	120元
⑱生動的笑容表情術	趙薇妮著	120元
⑲心曠神怡減肥法	川津祐介著	130元
⑳內衣使妳更美麗	陳玄茹譯	130元
㉑瑜伽美姿美容	黃靜香編著	150元
㉒高雅女性裝扮學	陳珮玲譯	180元
㉓蠶糞肌膚美顏法	坂梨秀子著	160元
㉔認識妳的身體	李玉瓊譯	160元

・青 春 天 地・電腦編號17

①A血型與星座	柯素娥編譯	120元
②B血型與星座	柯素娥編譯	120元
③O血型與星座	柯素娥編譯	120元
④AB血型與星座	柯素娥編譯	120元
⑤青春期性教室	呂貴嵐編譯	130元
⑥事半功倍讀書法	王毅希編譯	130元
⑦難解數學破題	宋釗宜編譯	130元
⑧速算解題技巧	宋釗宜編譯	130元
⑨小論文寫作秘訣	林顯茂編譯	120元
⑩視力恢復！超速讀術	江錦雲譯	130元

⑪中學生野外遊戲	熊谷康編著	120元
⑫恐怖極短篇	柯素娥編譯	130元
⑬恐怖夜話	小毛驢編譯	130元
⑭恐怖幽默短篇	小毛驢編譯	120元
⑮黑色幽默短篇	小毛驢編譯	120元
⑯靈異怪談	小毛驢編譯	130元
⑰錯覺遊戲	小毛驢編譯	130元
⑱整人遊戲	小毛驢編譯	120元
⑲有趣的超常識	柯素娥編譯	130元
⑳哦！原來如此	林慶旺編譯	130元
㉑趣味競賽100種	劉名揚編譯	120元
㉒數學謎題入門	宋釗宜編譯	150元
㉓數學謎題解析	宋釗宜編譯	150元
㉔透視男女心理	林慶旺編譯	120元
㉕少女情懷的自白	李桂蘭編譯	120元
㉖由兄弟姊妹看命運	李玉瓊編譯	130元
㉗趣味的科學魔術	林慶旺編譯	150元
㉘趣味的心理實驗室	李燕玲編譯	150元
㉙愛與性心理測驗	小毛驢編譯	130元
㉚刑案推理解謎	小毛驢編譯	130元
㉛偵探常識推理	小毛驢編譯	130元
㉜偵探常識解謎	小毛驢編譯	130元
㉝偵探推理遊戲	小毛驢編譯	130元
㉞趣味的超魔術	廖玉山編著	150元
㉟趣味的珍奇發明	柯素娥編著	150元

•健 康 天 地• 電腦編號 18

①壓力的預防與治療	柯素娥編譯	130元
②超科學氣的魔力	柯素娥編譯	130元
③尿療法治病的神奇	中尾良一著	130元
④鐵證如山的尿療法奇蹟	廖玉山譯	120元
⑤一日斷食健康法	葉慈容編譯	120元
⑥胃部強健法	陳炳崑譯	120元
⑦癌症早期檢查法	廖松濤譯	130元
⑧老人痴呆症防止法	柯素娥編譯	130元
⑨松葉汁健康飲料	陳麗芬編譯	130元
⑩揉肚臍健康法	永井秋夫著	150元
⑪過勞死、猝死的預防	卓秀貞編譯	130元
⑫高血壓治療與飲食	藤山順豐著	150元
⑬老人看護指南	柯素娥編譯	150元

⑭美容外科淺談	楊啟宏著	150元
⑮美容外科新境界	楊啟宏著	150元
⑯鹽是天然的醫生	西英司郎著	140元
⑰年輕十歲不是夢	梁瑞麟譯	200元
⑱茶料理治百病	桑野和民著	180元
⑲綠茶治病寶典	桑野和民著	150元
⑳杜仲茶養顏減肥法	西田博著	150元
㉑蜂膠驚人療效	瀨長良三郎著	160元
㉒蜂膠治百病	瀨長良三郎著	元

・實用女性學講座・電腦編號 19

①解讀女性內心世界	島田一男著	150元
②塑造成熟的女性	島田一男著	150元

・校 園 系 列・電腦編號 20

①讀書集中術	多湖輝著	150元
②應考的訣竅	多湖輝著	150元
③輕鬆讀書贏得聯考	多湖輝著	150元
④讀書記憶秘訣	多湖輝著	150元

・實用心理學講座・電腦編號 21

①拆穿欺騙伎倆	多湖輝著	140元
②創造好構想	多湖輝著	140元
③面對面心理術	多湖輝著	140元
④偽裝心理術	多湖輝著	140元
⑤透視人性弱點	多湖輝著	140元
⑥自我表現術	多湖輝著	150元
⑦不可思議的人性心理	多湖輝著	150元
⑧催眠術入門	多湖輝著	150元
⑨責罵部屬的藝術	多湖輝著	150元
⑩精神力	多湖輝著	150元
⑪厚黑說服術	多湖輝著	150元
⑫集中力	多湖輝著	150元

・超現實心理講座・電腦編號 22

①超意識覺醒法	詹蔚芬編譯	130元
②護摩秘法與人生	劉名揚編譯	130元

③秘法！超級仙術入門	陸　明譯	150元
④給地球人的訊息	柯素娥編著	150元
⑤密教的神通力	劉名揚編著	130元
⑥神秘奇妙的世界	平川陽一著	180元

・養生保健・電腦編號 23

①醫療養生氣功	黃孝寬著	250元
②中國氣功圖譜	余功保著	230元
③少林醫療氣功精粹	井玉蘭著	250元
④龍形實用氣功	吳大才等著	220元
⑤魚戲增視強身氣功	宮　嬰著	220元
⑥嚴新氣功	前新培金著	250元
⑦道家玄牝氣功	張　章著	元
⑧仙家秘傳袪病功	李遠國著	元

・心靈雅集・電腦編號 00

①禪言佛語看人生	松濤弘道著	180元
②禪密教的奧秘	葉逯謙譯	120元
③觀音大法力	田口日勝著	120元
④觀音法力的大功德	田口日勝著	120元
⑤達摩禪106智慧	劉華亭編譯	150元
⑥有趣的佛教研究	葉逯謙編譯	120元
⑦夢的開運法	蕭京凌譯	130元
⑧禪學智慧	柯素娥編譯	130元
⑨女性佛教入門	許俐萍譯	110元
⑩佛像小百科	心靈雅集編譯組	130元
⑪佛教小百科趣談	心靈雅集編譯組	120元
⑫佛教小百科漫談	心靈雅集編譯組	150元
⑬佛教知識小百科	心靈雅集編譯組	150元
⑭佛學名言智慧	松濤弘道著	180元
⑮釋迦名言智慧	松濤弘道著	180元
⑯活人禪	平田精耕著	120元
⑰坐禪入門	柯素娥編譯	120元
⑱現代禪悟	柯素娥編譯	130元
⑲道元禪師語錄	心靈雅集編譯組	130元
⑳佛學經典指南	心靈雅集編譯組	130元
㉑何謂「生」　阿含經	心靈雅集編譯組	150元
㉒一切皆空　般若心經	心靈雅集編譯組	150元
㉓超越迷惘　法句經	心靈雅集編譯組	130元

國立中央圖書館出版品預行編目資料

中國神奇占卜/淺野八郎著；劉雪卿譯
——初版；——臺北市；大展，民84
面； 公分； （秘傳占卜系列；4）
譯自：東洋決斷占術
ISBN 957-557-489-3（平裝）

1.占卜

292 83012723

本書原名：＜秘傳＞占い全書(9) 東洋決斷占術
著 者：淺野八郎
C Hachirou Asano 1990
原發行所：ワニ文庫
仲介代理：京王文化事業有限公司

中國神奇占卜

ISBN 957-557-489-3

原著者/淺野八郎
編譯者/劉雪卿
發行人/蔡森明
出版者/大展出版社有限公司
社址/台北市北投區（石牌）致遠一路2段12巷1號
電話/（02）8236031·8236033
傳真/（02）8272069
郵政劃撥/0166955-1
登記證/局版臺業字第2171號

法律顧問/劉鈞男律師
承印者/國順圖書印刷公司
裝訂/嶸興裝訂有限公司
排版者/宏益電腦排版有限公司
電話/（02）5611592
初版/1995年（民84年）1月
定價/150元

大展好書 好書大展

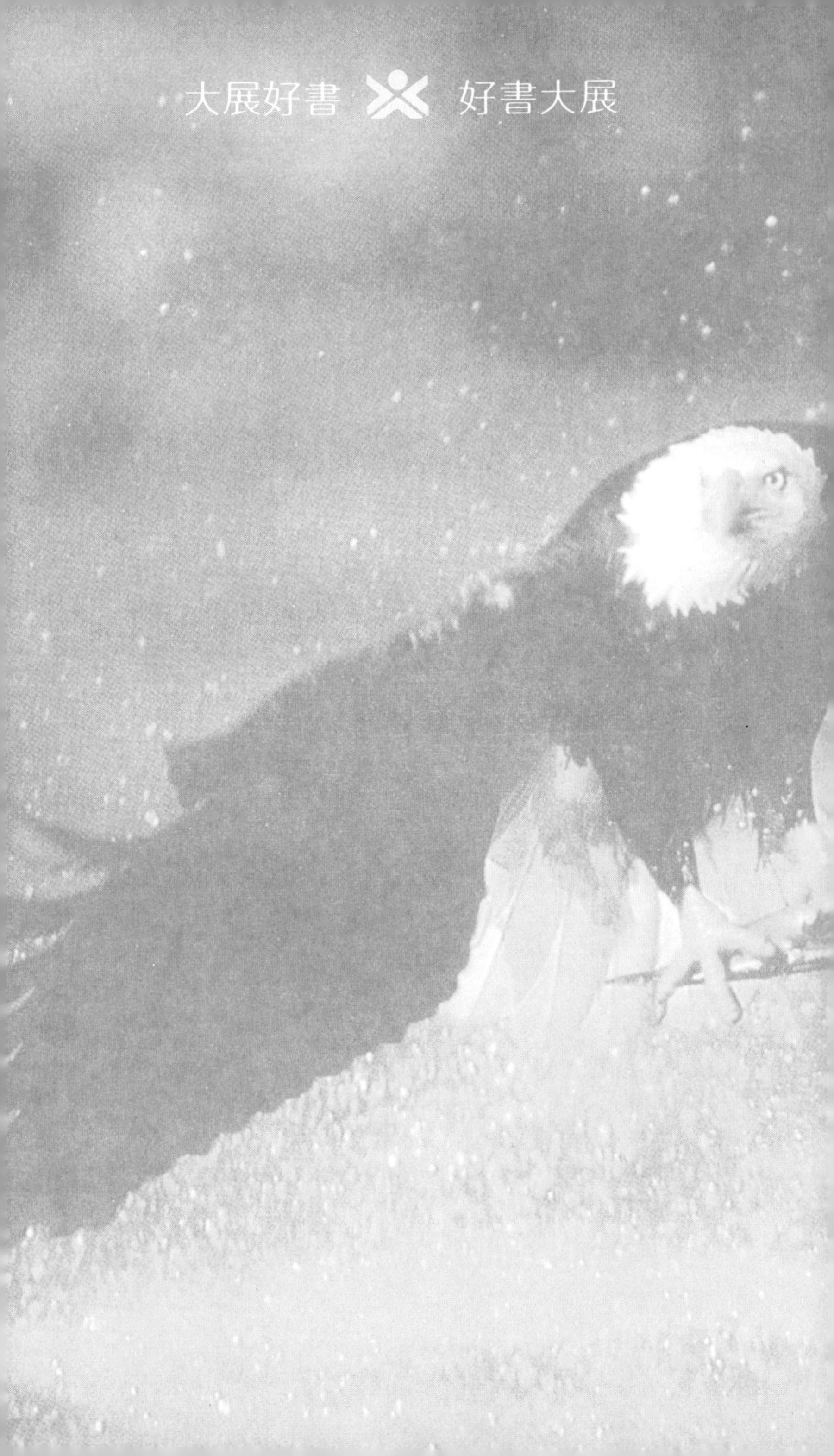
大展好書 好書大展